世界哲學家叢書

尼　赫　魯

朱 明 忠 著

1999

東 大 圖 書 公 司 印 行

國家圖書館出版品預行編目資料

尼赫魯／朱明忠著 .-- 初版 .-- 臺北
市：東大，民88
　　面；　公分 .--（世界哲學家叢書）
參考書目：面
含索引
ISBN 957-19-2239-0（精裝）
ISBN 957-19-2240-4（平裝）

1.尼赫魯（Nehru, Javaharlal, 1889-1964）學術思想-哲學
2.哲學-印度

137　　　　　　　　　　　　　87010297

網際網路位址　http://www.sanmin.com.tw

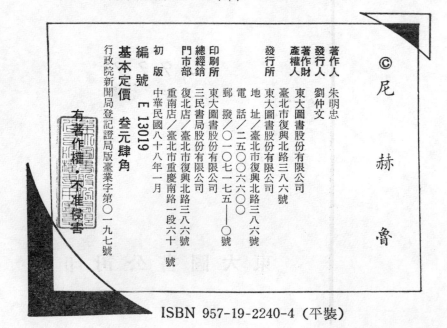

© 尼赫魯

著作人　朱明忠
發行人　劉仲文
產著作財權人　東大圖書股份有限公司
發行所　東大圖書股份有限公司
　　　　地址／臺北市復興北路三八六號
　　　　電話／二五〇〇六六〇〇
　　　　郵撥／〇一〇七一七五─〇號
印刷所　東大圖書股份有限公司
總經銷　三民書局股份有限公司
門市部　復北店／臺北市復興北路三八六號
　　　　重南店／臺北市重慶南路一段六十一號
初　版　中華民國八十八年一月
編　號　E 13019
基本定價　叁元肆角
行政院新聞局登記證局版臺業字第〇一九七號

ISBN 957-19-2240-4（平裝）

「世界哲學家叢書」總序

　　本叢書的出版計畫原先出於三民書局董事長劉振強先生多年米的構想，曾先向政通提出，並希望我們兩人共同負責主編工作。一九八四年二月底，偉勳應邀訪問香港中文大學哲學系，三月中旬順道來臺，即與政通拜訪劉先生，在三民書局二樓辦公室商談有關叢書出版的初步計畫。我們十分贊同劉先生的構想，認為此套叢書（預計百冊以上）如能順利完成，當是學術文化出版事業的一大創舉與突破，也就當場答應劉先生的誠懇邀請，共同擔任叢書主編。兩人私下也為叢書的計畫討論多次，擬定了「撰稿細則」，以求各書可循的統一規格，尤其在內容上特別要求各書必須包括（1）原哲學思想家的生平；（2）時代背景與社會環境；（3）思想傳承與改造；（4）思想特徵及其獨創性；（5）歷史地位；（6）對後世的影響（包括歷代對他的評價），以及（7）思想的現代意義。

　　作為叢書主編，我們都了解到，以目前極有限的財源、人力與時間，要去完成多達三、四百冊的大規模而齊全的叢書，根本是不可能的事。光就人力一點來說，少數教授學者由於個人的某些困難（如筆債太多之類），不克參加；因此我們曾對較有餘力的簽約作者，暗示過繼續邀請他們多撰一兩本書的可能性。遺憾的是，此刻在政治上整個中國仍然處於「一分為二」的艱苦狀態，加上馬列教

條的種種限制，我們不可能邀請大陸學者參與撰寫工作。不過到目前為止，我們已經獲得八十位以上海內外的學者精英全力支持，包括臺灣、香港、新加坡、澳洲、美國、西德與加拿大七個地區；難得的是，更包括了日本與大韓民國好多位名流學者加入叢書作者的陣容，增加不少叢書的國際光彩。韓國的國際退溪學會也在定期月刊《退溪學界消息》鄭重推薦叢書兩次，我們藉此機會表示謝意。

原則上，本叢書應該包括古今中外所有著名的哲學思想家，但是除了財源問題之外也有人才不足的實際困難。就西方哲學來說，一大半作者的專長與興趣都集中在現代哲學部門，反映著我們在近代哲學的專門人才不太充足。再就東方哲學而言，印度哲學部門很難找到適當的專家與作者；至於貫穿整個亞洲思想文化的佛教部門，在中、韓兩國的佛教思想家方面雖有十位左右的作者參加，日本佛教與印度佛教方面卻仍近乎空白。人才與作者最多的是在儒家思想家這個部門，包括中、韓、日三國的儒學發展在內，最能令人滿意。總之，我們尋找叢書作者所遭遇到的這些困難，對於我們有一學術研究的重要啟示（或不如說是警號）：我們在印度思想、日本佛教以及西方哲學方面至今仍無高度的研究成果，我們必須早日設法彌補這些方面的人才缺失，以便提高我們的學術水平。相比之下，鄰邦日本一百多年來已造就了東西方哲學幾乎每一部門的專家學者，足資借鏡，有待我們迎頭趕上。

以儒、道、佛三家為主的中國哲學，可以說是傳統中國思想與文化的本有根基，有待我們經過一番批判的繼承與創造的發展，重新提高它在世界哲學應有的地位。為了解決此一時代課題，我們實有必要重新比較中國哲學與（包括西方與日、韓、印等東方國家在內的）外國哲學的優劣長短，從中設法開闢一條合乎未來中國所需

求的哲學理路。我們衷心盼望，本叢書將有助於讀者對此時代課題的深切關注與反思，且有助於中外哲學之間更進一步的交流與會通。

最後，我們應該強調，中國目前雖仍處於「一分為二」的政治局面，但是海峽兩岸的每一知識分子都應具有「文化中國」的共識共認，為了祖國傳統思想與文化的繼往開來承擔一分責任，這也是我們主編「世界哲學家叢書」的一大旨趣。

傅偉勳　韋政通

一九八六年五月四日

自 序

　　由於東大圖書公司的鼎力合作，我的專著《奧羅賓多‧高士》作為「世界哲學家叢書」之一，於1994年11月出版。該書問世後，受到了海內外同行和有關專家學者的好評。譬如，「世界哲學家叢書」的主編韋政通先生審閱此書後，給我來函說：「大作參考資料豐富，內容完整，寫作方式很能符合我們嚴格學術規格的要求，特別是在表達方面，能將一部純學術性的著作寫得極具可讀性，十分難得。」

　　北京大學哲學系東方哲學研究室主任樓宇烈教授對該書的評價是：「這是迄今第一部用中文寫作的研究奧羅賓多思想的專著。它的出版，填補了這一領域的空白，對我國學術界研究印度近現代思想史和中印文化交流，都具有重要的意義。……作者在分析奧氏思想和各種問題的同時，廣泛地聯繫西方哲學和中國哲學的有關理論觀點，進行比較研究，視界開闊，給讀者啟發良多。總之，這是一部有較高學術價值的專著，值得向學術界大力推荐。」

　　《奧羅賓多‧高士》一書，是我長期研究的成果，亦是我多年辛勤汗水的結晶。它的成功出版和良好的社會評價，對我來說，是一個很大的鼓舞和鞭策，使我對今後的科研工作充滿了信心和動力。對此，我應當再一次向該叢書的主編傅偉勳、韋政通先生、東大圖

書公司董事長劉振強先生及各位同仁的大力支持，表示最誠摯的謝意。

1994年夏，傅偉勳先生看了《奧羅賓多·高士》書稿之後，就從美國給我來信，邀請我再為「世界哲學家叢書」寫一本有關印度近現代哲學家的書。見信後，我感謝傅先生對我的信任，故回函表示欣然接受。經過一段時間的考慮，我決定寫《尼赫魯》一書。

為什麼要選擇尼赫魯呢？一方面，是因為印度近現代幾位著名的哲學家，如維韋卡南達、甘地、泰戈爾、奧羅賓多、拉達克里希南等，當時都已經有人撰寫了；另一方面，也是因為尼赫魯不僅是一位卓越的政治家和國務活動家，而且是一位傑出的思想家和哲學家。尼赫魯的政治哲學及其思想體系在印度現代思想史上占有十分重要的地位，他的思想對現代印度的發展產生了極為深遠的影響，這種影響遠遠超出一般的學者或學院式哲學家，是一般哲人所無法比擬的。正是因為尼赫魯在印度現代思想史上所占有的重要地位，才促使我決定去研究他的思想及其影響。尼赫魯思想的影響之大，可以這樣說：不了解尼赫魯，就無法了解現代印度。

另外，由於我長期從事印度近現代哲學的研究，我發現，印度現代哲學發展的一個重要的特點，就在於它不僅表現在專業哲學家和宗教改革家的學說之中，而且表現在一些著名的政治家和社會活動家的著述中。甘地、尼赫魯就是這樣的政治家兼哲學家，泰戈爾亦是詩人、文學家兼哲學家，但是，他們的思想在民眾之中的影響要遠遠超過那些專業的或學術的哲學家。在現代印度政治家中，尼赫魯是最具有代表性的一位，他的人生觀和世界觀，即他對人生、社會、歷史、文化、科學、國際秩序、未來世界的種種觀點和看法都有許多創新之處並獨具特色，從而對印度現代哲學思想的發展做

出了特殊的貢獻。在尼赫魯世界觀的形成過程中，不僅受到了印度傳統文化的影響，尤其是《奧義書》、吠檀多、和佛教哲學思維方式的薰陶，而且受到西方理性主義、自然科學和自由民主思想的深刻影響。此外，他還從馬克思主義及其辯證唯物主義學說中汲取了豐富的思想營養。故而，尼赫魯思想體系的一個最大特點就在於它的兼融性和調和性。這種兼融性和調和性主要表現在對物質欲望和精神追求的調和，印度傳統文化與西方價值觀、民主觀的調和，科學與宗教的調和，資本主義和社會主義的調和等等。

1995 年夏，當我完成了自己所承擔的兩項國家重點項目——《現代東方哲學》和《當代亞太宗教》(兩者均為合著)的科研任務後，便開始了對尼赫魯思想的探索。由於過去自己偏重於對純學術哲學家的研究，因而對尼赫魯這類政治家的思想學說及其社會背景卻感到比較生疏。因此，我一方面到北京圖書館、北京大學圖書館和中國社科院圖書館借來大量有關尼赫魯的中外文書籍進行閱讀，收集資料；另一方面，又走訪國內的一些有關的專家學者，向他們請教並探討關於尼赫魯思想的種種問題。經過幾個月的努力，使我對尼赫魯的家世、思想、學說及各種學說產生的社會背景有了初步的了解。但是，由於國內圖書資料有限，許多尼赫魯的原著作以及一些重要的研究著作在國內卻找不到，故而影響對尼赫魯思想的進一步深化研究。

幸運的是，1996年2月至8月，我有幸獲得英國學術院王寬誠獎學金的資助，赴倫敦大學進行學術訪問半年。我所在的學校是倫敦大學東方與非洲學院(SOAS)，俗稱「亞非學院」，位於倫敦市中心的羅素廣場旁，與大英博物館和倫敦大學總部比鄰，它是英國研究印度和南亞問題的一個中心。我所研究的課題為「英國對印度近現

代思想發展的影響」。 在英期間，我除了考察印度近現代思想的總
體發展外，則著重對幾位受英國影響較深的思想家進行研究，尤其
是尼赫魯、甘地等。我走訪了一些尼赫魯當年讀過書的地方，如劍
橋大學三一學院，體會了一下劍橋大學古樸、嚴謹、充滿生氣的校
園生活；拜訪了一些有關印度近現代史和尼赫魯研究的專家，如亞
非學院歷史系的戴維・阿諾德教授、劍橋大學南亞研究中心的萊昂
內爾・卡特博士等；更重要的是，閱讀和收集了大量有關尼赫魯的
文獻和資料。亞非學院圖書館和大英博物館圖書館保存了大量印度
近現代政治經濟、歷史文化的文獻、資料和書籍，可以說，是研究
印度近現代歷史最好的地方。尤其是亞非學院圖書館，它的圖書全
部開架，讀者可以自由地選擇和翻閱各種書籍，這是國內的圖書館
所無法相比的。該圖書館有四層，其中整個一層全都是有關印度和
南亞各國的圖書，因此這裡也是我經常光顧的地方，往往是一待就
是一整天。我在英國查閱了大量有關尼赫魯的資料，複印了許多國
內所沒有的圖書，這對我以後寫作《尼赫魯》一書起了十分重要的
作用。

　　歸國以後，經過一段時間的準備，我便著手《尼赫魯》的撰寫
工作。但是，由於各種事務和其他任務的干擾，只能斷斷續續地寫，
大約又經過了一年多的時光，才於今年4月完成全部書稿。

　　應當指出的是，根據本叢書的要求，我在此書中是把尼赫魯作
為一位思想家來寫的，雖然尼赫魯的政治和國務活動與他的思想是
分不開的，但是，我的側重點則集中於他的思想和學說上，而不是
在他的政治和社會活動上。因此，該書重點寫了尼赫魯的哲學觀、
科學觀、文化觀、民主觀、世俗主義觀和社會主義觀，以及尼赫魯
思想體系的淵源、基本特點和社會影響等等。我想，只有這樣，才

能符合「世界哲學家叢書」的根本宗旨，才能滿足廣大讀者對印度現代思想的需求。

　　最後，我要向寫作此書過程中曾給予我指導和幫助的黃心川、楊瑞林、孫培鈞、王宏偉等先生表示衷心的謝意，也要感謝本叢書的主編以及東大圖書公司各位同仁為此書的出版提供了機會。

　　我希望本書能得到讀者的喜歡，期望它能為國人了解尼赫魯和現代印度有所裨益。

朱明忠

1998年5月於北京芙蓉里

尼 赫 魯

目 次

第一章　生平與家世

賈瓦哈拉爾·尼赫魯 (Jawaharlal Nehru) 是印度現代史上最傑出的政治家和思想家。他的一生是戰鬥的一生，亦是艱難跋涉、開拓創業的一生。他出生於印度民族最苦難、最艱辛的時代，自青少年時就開始探索救國救民的真理。十五歲，赴英留學，學習西方科學文化，接受歐美的自由民主。歸國後，滿懷愛國主義激情投身於甘地領導的民族反英鬥爭，並同甘地一起領導印度民眾完成了民族獨立的偉業。在國大黨的領袖中，他年輕有為、眾望所歸，曾第一個提出印度「完全獨立」的綱領，並多次當選黨的主席和總書記。在爭取民族解放的歷程中，他九次被捕，在監獄鐵窗中度過了九個春秋。印度獨立後，他擔任共和國總理十七年，為印度制定了發展民族經濟的戰略和不結盟的外交政策，大大地提高了印度的國際地位。尼赫魯的一生，真可謂是對印度人民鞠躬盡瘁的一生，在印度現代史上建立了豐功偉業的一生。

一、顯赫的家族

尼赫魯出身於印度的名門望族，祖籍克什米爾，屬婆羅門高級種姓。他的家族在印度近現代史上聲名顯赫，人才輩出。其先祖們

曾在莫臥爾王朝擔任高官，他的父親是民族主義運動的領袖，當過國大黨主席，他的女兒英迪拉・甘地和外孫拉吉夫・甘地亦先後擔任過印度政府的總理。這個家族在印度近現代史冊上曾寫下光輝的一頁。

尼赫魯家族原本姓考爾，其先祖拉杰・考爾，是克什米爾地區有名的梵文和波斯文學者。1716年，莫臥爾王朝皇帝法魯克・西耶爾巡視克什米爾時，召見了考爾，對他的才華倍加讚賞和垂青，故降旨召他進宮做官。當年，考爾舉家遷往京城德里，在朝廷做了大官。皇帝賞賜給他一塊封地和一幢房子，此封地和房子坐落於運河岸邊。「運河」一詞在烏爾都文中為"Nahar"，「尼赫魯」就是由「運河」一詞轉化而來的。拉杰・考爾為了感謝皇帝的恩賜，便把「尼赫魯」這個詞加在自己姓氏的後面，變成了複姓「考爾・尼赫魯」，意為「運河邊上的考爾家族」。後來，「考爾」乾脆棄之不用，「尼赫魯」便成為這個家族唯一的姓。

尼赫魯的曾祖父拉克什米・納拉揚・尼赫魯，曾任英國薩克爾公司駐德里皇宮的首任代表。祖父甘伽・德哈・尼赫魯，當過德里市的市長。1857年印度民族大起義時，英軍攻占了德里，尼赫魯家族遭受了一場劫難，他的祖父帶領全家逃到德里東南的亞格拉城❶。在此住了幾年後，祖父去世。

尼赫魯的父親，名為莫蒂拉爾・尼赫魯(Motilal Nehru)，1861年5月6日❷生於亞格拉市。他是一個遺腹子，其父去世三個月後他

---

❶ 亞格拉(Agla)位於印度北方邦，是一座歷史名城，今日的旅遊勝地。莫臥爾王朝曾在這裡建都，世界七大建築奇蹟之一的泰姬陵就坐落在這裡。

❷ 1861年5月6日，恰巧也是印度現代偉大詩人泰戈爾的誕生日。這說明

才降生，自幼靠兄長撫養成人。他有兩個哥哥，大哥班西達爾，在英屬印度政府司法部任職，被派到外地工作，很少與家庭來往；二哥南達拉爾，起初在拉賈斯坦的一個土邦當首相，後在亞格拉高等法院任律師。家庭的重擔全落到二哥南達拉爾的肩上，當二哥隨高等法院自亞格拉遷往阿拉哈巴德市的時候，全家也隨之遷至這裡，並在此落戶。

尼赫魯的父親其蒂拉爾長大之後，才使這個家族再一次得到中興。他少年時學過波斯文和阿拉伯文，表現出不凡的天資和聰慧，深得師長的器重。後到坎普爾教會中學讀書，其英文成績很出色。中學畢業後，進入有「東方的牛津」之稱的阿拉哈巴德大學，攻讀法律。在大學期間，他並不是一個刻苦讀書的學生，但是他精力充沛、興趣廣泛、喜歡各種體育運動。其蒂拉爾大學沒有畢業，便去參加省高等法院的律師資格考試，結果名列榜首，從此開始了他的律師生涯。由於他的才華和自信，幾年以後便成了阿拉哈巴德高等法院最出名的律師。1900年，其蒂拉爾花巨資買下了阿拉哈巴德城最大、最豪華的官邸——阿南德宮，亦稱「歡喜宮」。尼赫魯家族搬到這裡以後，又大興土木，修建網球場、跑馬場、室內游泳池等等，使這座東方的建築物具有西方的風格和色彩。其蒂拉爾為尼赫魯家族創立了家業和名聲，使它再一次進入社會名流的地位。

其蒂拉爾・尼赫魯亦是國大黨的元老，他參加過國大黨初期的會議，並擔任過國大黨聯合省委員會的主席。但是，起初由於律師事務繁忙，他並沒有全身心地投入到政治鬥爭中去。第一次世界大戰後，英國殖民政府加緊了對印度民族運動的鎮壓。1919年4月13

尼赫魯的父親其蒂拉爾・尼赫魯與詩人泰戈爾是同年同月同日出生的。

日，英國當局竟下令對手無寸鐵的群眾開槍，製造了駭人聽聞的「阿姆利則慘案」。這次慘案使莫蒂拉爾異常震驚，進一步激發了他的民族主義感情，從此以後他才全身心地投入民族運動之中。1920年，他當選國大黨主席。同年，他支持甘地發動的第一次非暴力不合作運動。1929年，莫蒂拉爾在甘地等人的支持下，起草了一個憲法報告，要求印度在英帝國的範圍內實現自治領的地位，這就是歷史上有名的「尼赫魯報告」。

隨著印度民族獨立運動的發展，莫蒂拉爾全家都投入到這場鬥爭中。1930年1月26日，是印度的第一個獨立日。為了紀念這個日子，莫蒂拉爾把自家在阿拉哈巴德的老房子捐獻給國大黨，起名為「獨立宮」。同年6月，莫蒂拉爾被殖民當局逮捕，關進內尼監獄。三個月後雖然獲釋，但是他患有的氣管哮喘病，急劇惡化。1931年2月，莫蒂拉爾病逝，享年七十歲。

莫蒂拉爾對尼赫魯的成長產生了深遠的影響，父親所具有的那種堅毅、自信、高傲的氣質也潛移默化地滲透到尼赫魯的性格中。尼赫魯十分尊敬自己的父親，他在《自傳》中寫道：

> 我非常佩服我的父親。我認為他的精力、勇氣和聰明遠超過我見過的一切人，我希望自己將來長大了能夠趕得上他。❸對於任何運動和團體，如果他在其中只能充任配角，他都不想參加。童年時代和早期少年時代橫衝直撞的精神表面上被壓下去了，可是另外一種新的形式——爭取權力的新要求——卻表現出來。這使他的律師業務蒸蒸日上，同時增加了他的自尊心和自信心。他喜歡鬥爭，喜歡在困難中鬥爭。❹

---

❸ 尼赫魯：《自傳》（張寶芳譯），第8頁，北京，世界知識社，1956年。

尼赫魯的母親，名為斯瓦魯普拉尼，也是克什米爾人，屬婆羅門種姓。她的家人是兩代前從克什米爾遷來的，她美麗、賢慧、溫文爾雅，具有克什米爾婦女的傳統美德。十四歲時，嫁給其蒂拉爾，後來在丈夫和兒子的影響下，也投入民族鬥爭的浪潮中，並且還坐過牢。

尼赫魯有兩個妹妹，大妹妹名為南希，出嫁後改稱維賈・拉克希米・潘迪特夫人；小妹妹名為只蒂。他的大妹妹南希，聰明能幹，辦事冷靜，印度獨立前曾擔任過衛生與地方政府部部長。她也是一個出色的女外交家，印度獨立後曾出使蘇聯、美國和英國，擔任過印度駐聯合國的大使，並且當選過聯合國大會的主席。

英迪拉・甘地 (Indira Gandhi, 1917–1984) 是尼赫魯的獨生女兒，她少年時代參加過民族獨立運動，也坐過牢。父親逝世後，她曾先後擔任印度總理十六年，人稱「帶刺的玫瑰」。拉吉夫・甘地 (Lajive Gahdhi, 1944–1991)，尼赫魯的外孫子，他在其母英迪拉・甘地遇難後繼任總理寶座，成為印度政壇上的一顆新星。他想以科技興國，立志建立二十一世紀現代化的印度。拉吉夫・甘地母子在印度現代史上的作為，也為尼赫魯家族的歷史增添了不少輝煌的色彩。

二、青春的年華

1889 年 11 月 14 日，尼赫魯出生於印度北方邦的阿拉哈巴德市。阿拉哈巴德(Allahabad)是印度教最著名的宗教聖城，它位於恆河和朱木拿河的交匯處，每隔十二年在這裡舉行一次規模盛大的「貢帕

----

❹　同上書，第5頁。

廟會」。

尼赫魯在家中是獨生子,幼年是在父母的嬌生慣養下長大的。父親把其全部的希望都寄託在這唯一的兒子身上,他給他起了個動聽的名字, 叫「賈瓦哈拉爾」。「賈瓦哈」, 意為「寶石」;「拉爾」, 意為「紅色」;「賈瓦哈拉爾」的意思就是「紅寶石」。「紅寶石」這個名字, 就足以證明尼赫魯在家庭中的高貴地位。

小的時候, 賈瓦哈拉爾由英國的保姆看護, 他沒有讀過小學。父親是完全按照當時印度高貴家族教育子女的方式培養他的, 先是聘請家庭教師, 後是送子女出國留洋。在尼赫魯的回憶中, 他有兩個家庭教師, 一個是印度人, 名為潘迪特, 教他印地文和梵文;另一個是愛爾蘭人, 名為菲迪南·布魯克, 教他英文和各種文化知識。布魯克對尼赫魯的思想成長產生了深刻的影響, 給其幼小的心靈留下了不可磨滅的印象。

布魯克畢業於英國牛津大學,是個神智學者❺。尼赫魯十一歲那年, 開始跟布魯克學習。除了英文之外, 布魯克還向他灌輸西方文學、自然科學和神智學 (theosophy) 的知識。在布魯克的啟迪下, 尼赫魯對文學發生了濃厚的興趣, 提高了讀書的欲望。他閱讀了許

❺ 神智學(theosophy), 是一種將西方神秘主義思想和印度教、佛教教義相融匯的宗教學說。1875年, 俄國貴族勃拉瓦茨基夫人和美國軍官奧爾考特在美國紐約創立了神智學社。1878年, 他倆曾來印度傳播神智學。1882年, 他們將神智學社的總部由紐約遷至印度馬德拉斯市附近的阿迪耶爾, 並以此為基地向印度和世界各地傳播。該學會宣揚神智學, 鼓吹通過「修行」、「斷念」、「淨化」等神秘活動達到與最高智慧——「神智」的交往。他們主張進行宗教哲學與科學的比較研究, 探討難以解釋的各種自然現象和人的潛在能力, 聲稱要把神智學社建成「人類友愛世界」的核心組織等等。

多兒童文學作品，如《林莽集》、《克姆》、《極北》和《唐吉訶德傳》等，還瀏覽了司各托、狄更斯、薩克萊、韋爾斯、馬克吐溫等一些歐美文學家的名著。從那時候起，他對詩歌也極為愛好，這種愛好在他的一生中都沒有改變過。尼赫魯對自然科學的興趣，也是在布魯克的誘導下產生的。他們東拼西湊地布置了一個小的實驗室，經常在這裡做一些有趣的物理和化學實驗。除學習之外，布魯克還給他一個新的影響，這就是神智學。尼赫魯在一段時間內，經常參加神智學者的週會，逐漸熟悉了神智學上的術語和思想。他在《自傳》中回憶說：

> 在這些週會中，有關於玄學的辯論，有關於再生、幽靈和其他超自然的東西、靈氣、業報的討論。在討論時不僅提到勃拉瓦茨基夫人及其他神智學者的巨著，還談到印度教的經典，佛教的法句，畢達哥拉斯，泰那的阿坡洛利愛斯以及各派的哲學家和神秘論者。會上所講的話我大部分聽不懂，可是聽起來很神秘，很動人。我覺得打開宇宙秘密的關鍵在這裡。我生平第一次開始有意識地仔細考慮宗教和別方面的問題，更加重視印度教。我所重視的並不是印度教的儀式部分，而是它的幾部大著作如《奧義書》和《薄伽梵歌》。❻

　　童年的尼赫魯，雖然生活在高貴而優裕的家庭中，但是作為一個在殖民統治下的印度人，民族主義的激情已經在他幼小的心田中燃燒。他經常聽大人們講，英國人殺了印度人而被無罪釋放，公園裡的長凳只允許英國人坐，火車上無論怎樣擁擠，總有幾個車廂留

❻　尼赫魯：《自傳》，第16頁。

給英國人，不許印度人上。他十分痛恨在印度境內這些異國統治者的無理舉動，因此每當看到印度人反抗這種舉動時，都非常高興。給尼赫魯留下最深刻印象的，是1904年爆發的日俄戰爭。當時，他每天都等著報紙上的新消息，他把日本人的勝利看作是亞洲人的勝利，夢想著自己也能拿起武器為印度的自由而戰鬥。在回憶當時的心情時，他說：

> 民族主義思想充滿了我的心懷。我念念不忘印度和亞洲擺脫歐洲的束縛，取得自由。我夢想著勛績，我拿著劍，為印度而戰，為印度的自由而效力。❼

1905年5月，尼赫魯在父母的陪同下，遠渡重洋，赴英求學。父母把他送進了倫敦著名的貴族子弟學校——哈羅公學。他在哈羅公學讀了兩年書，起初因為拉丁文不好，只插班在低年級，後來很快就升級了。由於聰明好學，他在許多科目上都超過了同齡的英國人，而且他讀的書比他們多，興趣也比他們廣泛。在一次大型考試中，他還因成績優異而得了獎，獎品是一套杜維廉所寫的《加里波迪傳》。他反覆地閱讀了這套書，書中所描寫的意大利為爭取自由而英勇鬥爭的情景，經常浮現在他的眼前，他希望印度也將出現同樣的事迹。

當尼赫魯熟悉哈羅公學之後，便對學校的過多限制感到不滿，他渴望到更廣闊的天地中去汲取知識，探索世界。1907年10月，在父親的同意下，他進入了劍橋大學三一學院，主修化學、地質學和植物學。除了這三門主課外，他還對政治學、經濟學、哲學、歷史

---

❼　同上書，第18頁。

學和文學等人文學科十分感興趣。他讀過當時在英國盛行的尼采的哲學專著、蕭伯納的劇本和洛斯‧狄更生的新著。在他閱讀過的政治書籍中，麥萊德斯‧湯森德的《亞洲和歐洲》給他留下了深刻的印象。為了探討知識，他與同學經常進行各種各樣的討論。有時在漫長的冬夜，他們圍坐在火爐邊，從容不迫地討論各種問題，一直到深夜。此外，尼赫魯也非常關心祖國命運和前途，經常聽一些印度民族主義者介紹國內形勢的報告。在劍橋的印度學生，組織了一個團體，名為「麥利斯會」，經常討論印度的政治問題。尼赫魯加入了這個組織，參加他們的討論，在觀點上傾向於提拉克的民族主義激進派。

　　1910年，尼赫魯在劍橋畢業，獲得學士學位。父親不希望他參加印度文官考試，他決定從事父親的律師職業，因此又進入倫敦內殿法學會，攻讀兩年法律。在這兩年中，他花在學法律的時間並不多，大部分時間都用於博覽群書上。他讀了許多書，開始接觸到一些社會主義思想，費邊社會主義❽對他影響較大。他還關心西方的各種政治運動，曾親自到愛爾蘭，調查愛爾蘭的民族主義問題。在

---

❽　費邊社會主義(Fabian Socialism)，又稱「地方公有社會主義」或「市政社會主義」。它是一種社會改良主義的主張，由英國知識分子所組成的費邊社，於1884年提出。其主要代表人物由韋伯(Sidney James Webb, 1859–1947)、蕭伯納(George Bernard Shaw, 1856–1950)。他們把古羅馬統帥費邊的「緩進待機」、「避免決戰」的策略應用於社會改革上，主張用「漸進的」、「和平的」、「合乎憲法的」方式來改造社會。認為應當經過選民投票，民主選舉地方自治的市政機關，逐步掌握土地和水、電、電車等公共事業的所有權，把土地和產業資本轉為「社會所有」、使資本主義「滑進到社會主義」。二十世紀初期，這種思想在英國十分流行。

假期，他經常到歐洲大陸去旅遊，去過巴黎、柏林和其他城市，大大地開闊了眼界，增長了見識。1912年夏天，他通過考試領到了律師證書，決定歸國。秋天，二十三歲的尼赫魯回到了印度。

尼赫魯在英國留學七年。這七年是他風華正茂、青春煥發的七年，也是他尋求真理、探索人生真諦的七年。

三、投身於民族運動

歸國後的頭幾年，尼赫魯在阿拉哈巴德高等法院當律師。由於父親在法律界的威望以及他個人才華和勤奮，他的律師事業開展得頗為順利。但是，尼赫魯的興趣和熱情並不在律師這個職業上，他最關心的是祖國的前途和命運。因此，他一回國就加入了國大黨，並參加國大黨的各種會議。當時，印度民族主義運動的形勢正處於低潮，1905–1908 年孟加拉反分治運動被鎮壓不久，提拉克和其他一些國大黨激進派領袖被關在監獄中，國內的政治空氣一片死氣沉沉。年輕的、滿懷愛國激情的尼赫魯，對此十分苦悶，他在回憶當時的心情時說：

> 我不滿意從英國回來後頭幾年的生活。我對於我的職業並沒有飽滿的熱情。在我的心目中，所謂政治就是積極反對外國統治的民族主義活動，這也沒有給我發揮熱情的機會。❾

1916年2月，在父母的安排下，尼赫魯和十七歲的卡麥拉·考爾結了婚。卡麥拉是一個克什米爾富商的女兒，她年輕漂亮，受過

❾　尼赫魯：《自傳》，第34頁。

良好的家庭教養。他們的婚禮非常豪華排場，在當時的印度是罕見的。婚禮在德里的新娘家舉行，尼赫魯家族的親朋好友數百人乘專列火車前往德里，據說準備了幾幢接待的房子都不夠用。1917年11月卡麥拉生了個女兒，取名為「英迪拉」，這就是尼赫魯的獨生女和未來的印度總理英迪拉·甘地。

1920年8月1日，國大黨著名領袖甘地在印度發動了第一次非暴力不合作運動，這個運動給尼赫魯帶來了希望。他非常敬佩甘地，認為甘地的鬥爭策略既符合印度傳統，又符合印度的現實。因此，他追隨甘地，全力投身於運動之中。他辭去了律師職業，把全部時間和精力都花在發動和組織群眾鬥爭方面。當時，一個流行的口號是「到農村中去」。尼赫魯不辭辛苦，經常到各地農村去走訪，在農民的集會上發表演說。在接觸群眾的過程中，他親身體驗到農民的疾苦，也感受到民眾中所蘊含的巨大力量。

1921年12月，英國威爾士王子來印度巡視，甘地號召全國舉行罷工罷市進行抵制，殖民當局實行大逮捕。尼赫魯被殖民當局以「散發罷業傳單」的罪名，第一次逮捕入獄，判處三個月徒刑。1922年4月，他剛出獄一個多月，又被當局第二次逮捕，判刑一年零九個月，關在勒克瑙地方監獄。從1921年到1945年，尼赫魯九次被捕，在殖民主義者的牢房中度過了九個春秋。他的一些主要著作，如《世界歷史的一瞥》、《尼赫魯自傳》、《印度的發現》等都是在獄中寫成的。1923年尼赫魯出獄之後，曾當選國大黨工作委員會書記，並擔任阿拉哈巴德自治市市長。在當市長的兩年中，他的工作做得很出色，充分地顯露出他的組織才幹和領導能力。

第一次非暴力不合作運動中止以後，印度的反英鬥爭又走向低潮。與此同時，印度教徒和穆斯林之間的教派衝突卻日益增長。國

內的政治形勢令尼赫魯困惑不解，他看不到民族解放運動的明確道路，因此他決定到歐洲去考察，以尋求救國救民的真理。1926年5月，他攜妻子和女兒乘船從孟買到威尼斯，開始了一年零九個月的歐洲旅行。來到了闊別十三年多的歐洲，這裡的政治和經濟形勢發生了巨大的變化。他訪問了瑞士、意大利、法國、英國、德國、比利時和蘇聯，考察了這些國家政治和經濟的新情況，尤其關心國際聯盟和國際勞工局的各種活動。同時，他還拜訪和結識了一些知識界名人，如法國大作家羅曼・羅蘭、德國詩人和戲劇家恩斯特・托勒、美國紐約公民自由協會領導人羅吉・鮑爾溫等等。

在尼赫魯訪問歐洲期間，有一件事是必須提及的。1926年底，他得知在比利時首都布魯塞爾即將召開「被壓迫民族大會」， 便主動寫信給國大黨中央，要求派人參加。1927年2月10日，在國大黨中央的批准下，他作為印度的唯一代表出席了這次大會，並在會上做了長篇演講。在演講中，他強調印度爭取自由的運動在世界反帝鬥爭中的作用，被壓迫民族的鬥爭應當聯合起來。會議期間，宋慶齡、羅曼・羅蘭、愛因斯坦、高爾基等一些有國際影響的人物發起組織了「反帝大同盟」， 以支持世界上被壓迫民族的反帝鬥爭。在這個組織中，宋慶齡擔任主席，尼赫魯也被選為執行委員。

尼赫魯的歐洲之行，使他大開眼界，精神振奮。特別是他訪蘇期間，看到了蘇聯工業的發展和社會的變化，給他留下了深刻的印象，對他以後的思想發展產生了深遠的影響。在「被壓迫民族大會」上，他加深了對帝國主義和殖民地的認識，了解了世界各國的鬥爭形勢，增強了自己的反帝信心。尼赫魯在描寫他當時的感受時說：

我自己覺得精力充沛，生氣勃勃。過去那種常常使我苦惱的

內心鬥爭和悲觀失望情緒暫時消失了。我的眼界比以前廣闊些，在我看來，民族主義似乎過於狹窄，不能解決問題。政治自由和獨立當然十分需要，不過它們只是朝著正確方向走的步驟而已。沒有社會自由，社會和國家沒有社會主義機構，無論國家或個人都不能有很大的發展。我自己感覺到對世界上的事情比以前看得更清楚些，對於當前的世界，不管它怎樣變化多端，比以前都更能掌握。❿

四、民族獨立運動的領袖

1927年12月，滿懷信心和鬥志的尼赫魯，結束了對歐洲的訪問，踏上了回國的征途。剛一到印度，他就參加了國大黨在馬德拉斯召開的年會。在這次會議上，他以嶄新的面貌出現，為國大黨的發展提出了許多新的戰略方案。他所提出了關於印度完全獨立、關於戰爭危機、關於國大黨與反帝大同盟的聯繫等議案，在大會上都獲得了通過。在印度民族主義運動史上，這是第一次提出「完全獨立」的目標，這個目標為印度的民族運動展現出一個新的前景。會後，尼赫魯還到處演講，宣傳「社會主義」和社會改革思想。他的演講受到了廣大青年和勞工群眾的普遍歡迎，他在國大黨內和社會上的威信與日俱增。

1928年，尼赫魯當選國大黨的總書記。1929年冬，在國大黨的拉哈爾年會上，他又當選黨的主席。從此，尼赫魯走上了國大黨的領導崗位，成為印度民族獨立運動的主要領袖，當時他只有四十歲。

❿　同上書，第188頁。

在拉哈爾的年會上，國大黨決定把「完全獨立」作為今後鬥爭的目標，並且規定每年1月26日作為印度的「獨立日」。 1930年1月26日是印度的第一個「獨立日」， 這一天印度人民群情激奮，紛紛舉行集會和遊行。尼赫魯回憶說：

> 這個日子像閃電一樣顯示出全國人民的熱忱。全國各地舉行盛大集會，和平地、莊嚴地宣誓為爭取獨立而鬥爭……⑪

1930年3月，甘地發動了第二次非暴力不合作運動，又稱「和平抵抗運動」。 這次運動得到印度各階層民眾的廣泛響應，聲勢浩大，勢不可擋。英國殖民當局對民眾運動非常害怕，立即宣布國大黨為非法組織，並逮捕其領導人。當年，尼赫魯兩次被捕，他的父親和妻子也相繼被捕入獄。雖然尼赫魯一直在獄中，但是印度廣大民眾英勇不屈的反英鬥爭卻深深地鼓舞著他，他這樣描寫道：

> 我們對於全國人民在1930年所採取的行動，有點兒感到驕傲；它加強了我們的自尊心，給我們帶來了信念，既使我們中間最小的志願隊員一想到這點，也會挺起胸膛，昂起頭來。我們同時還感到這種引起舉世矚目的偉大努力，曾給英國政府帶來了巨大的壓力，從而使我們更加接近我們的目標。⑫

1934年2月，尼赫魯第七次被殖民當局逮捕，判刑二年，先後關押在阿利波爾中央監獄、臺拉·頓監獄和內尼監獄。在獄中，他

---

⑪　同上書，第236頁。
⑫　同上書，第299頁。

撰寫了他的成名之作——《尼赫魯自傳》。在《自傳》中，尼赫魯詳細地記述了其前半生的各種經歷，特別是二、三十年代印度民族主義運動的重要歷史事件和國大黨的內部鬥爭。他以自省的態度，回顧了自己思想成長的歷程，總結了民族主義運動發展的經驗和教訓。可以說，這是一部生動的，頗似印度近現代史的書籍。此書於1936年在英國出版，一時成為暢銷書，幾週後便再版。

1936年，在尼赫魯的個人生活中發生了一件不幸的事情。他年輕賢慧的妻子卡麥拉，因患肺結核病，長期醫治無效，在瑞士洛桑的一家醫院病逝，年僅三十七歲。尼赫魯出獄後曾到瑞士探望卡麥拉，愛妻的死對他是個沉重的打擊，此後他終生未娶。為了表示對妻子的永久懷念，他在《自傳》的扉頁上寫上了自己的心聲——「獻給已與世長辭的卡麥拉」。

經過在獄中的磨煉和考驗，尼赫魯在政治上更加成熟，在黨內的威信亦繼續上升。1936年和1937年，他連續兩年當選國大黨的主席，並且極力主張發動民眾，爭取更多的工農大眾參加到民族獨立運動中來。1937年，英國為了部分滿足印度民族資產階級在政府中享有自治權力的願望，根據「印度政府組織法」，第一次允許印度進行省區選舉。尼赫魯以國大黨主席的身分為本黨積極競選，在前後五個月的時間裡，他不辭勞苦走遍了舉行選舉的十一個省，每天發表演說，宣傳國大黨爭取民族獨立、進行社會改革的主張，得到廣大群眾的支持。結果，國大黨在七個省的競選中獲得了絕對優勢，在八個省單獨或聯合地組成了省政府。

1937年中國的抗日戰爭爆發以後，尼赫魯對英勇抗擊日本帝國主義的中國人民表示由衷的敬意，想親眼看看戰鬥中的中國人民。他希望會見蔣介石，商談中印兩國人民相互合作的問題，還親自寫

信給毛澤東❸，表示了他訪問延安的願望。1939年8月，尼赫魯訪問了中國。當時，日本正對中國後方實行大規模的空襲，來中國是有危險的，國大黨的許多人建議他另擇時機，但尼赫魯堅持不變。他說：

> 我要去中國，因為中國今日是爭取自由鬥爭的大無畏精神的象徵，是戰勝難以言狀的不幸和災難的決心的象徵，是在共同敵人面前團結的象徵，我要把敬意、祝賀帶給它。❹

8月23日尼赫魯到達重慶，受到重慶各界人士的熱烈歡迎。在重慶期間，他會見了蔣介石夫婦和各界代表，參觀了工廠、軍政學校、學生夏令營、兒童保育院等單位。他多次表示中印兩國人民有著共同的出路和目的，兩大民族應當緊密地團結起來，並且提出一個發展兩國政治、經濟和文化關係的具體計劃。原本他打算訪問中國一個月，但是由於第二次世界大戰突然爆發，便於9月5日結束訪問回國。歸國後，他到處介紹他在中國的所見所聞，並且說：「我希望我的訪問將成為印中關係史上的里程碑。」❺

　　1942年8月8日，國大黨通過了要求英國「退出印度」的決議，在決議中提出英國人應當立即終止在印度的統治，組織臨時政府，同時批准了甘地發動的要英國「退出印度」的運動。決議公布幾個

---

❸　1939年7月11日，尼赫魯給毛澤東寫信，信中表示了他希望訪問延安的願望。參見林承節：《中印人民友好關係史，1851–1949》，第174頁，北京大學出版社，1993年。

❹　《賈瓦哈拉爾・尼赫魯選集》，第10卷，第82頁，新德里，1972年。

❺　同上書，第10卷，第109頁。

小時後，英國殖民當局馬上宣布國大黨非法，並實行大逮捕。當天，尼赫魯和甘地同時被捕。這是尼赫魯第九次入獄，關押在亞馬那加堡壘監獄，此次入獄時間最長，歷經一千零四十一天，直至1945年6月15日才獲釋。在漫長的監獄生活中，他寫成了一部舉世聞名的著作《印度的發現》。這部書論述了印度古代歷史和文化的各個方面，包括哲學、宗教、文學、藝術、科學等，以及印度古代文明在世界上的傳播和影響。它還分析了印度古代文明在近代衰敗的原因，闡述了英國人入侵印度和印度民族主義運動興起的過程，展望了印度民族獨立運動發展的前景和未來。這部著作表現出尼赫魯淵博的學識和才華，也飽含著他對祖國的熱愛和對美好未來的憧想。

1945年第二次世界大戰結束後，亞洲各國民族獨立運動風起雲湧，印度人民反對英國、爭取民族獨立的鬥爭出現了新的高潮。英國皇家印度海軍在孟買和馬德拉斯舉行了起義，印度各地的工農運動此起彼伏，英國在南亞次大陸的殖民統治已經到了風雨飄搖的地步。1946年3月，英國工黨政府不得不作出讓步，派代表與國大黨和穆斯林聯盟等政黨進行談判，提出對印度未來的設想：建立印度聯邦，擬定憲法起草程序，成立有各個政黨參加的臨時政府。同年9月，臨時政府成立，英國駐印度總督韋維爾兼任臨時政府總理。尼赫魯當時又一次當選國大黨的主席，因此他便以國大黨主席的身分應邀擔任臨時政府副總理。

1947年6月，英國政府公布了蒙巴頓方案，即「印度、巴基斯坦分治方案」。8月15日，英國向印、巴移交政權，印度宣布獨立，尼赫魯正式出任印度政府總理。這一天，在德里的紅堡廣場舉行了有二十萬人參加的慶祝盛典，蒙巴頓代表英國降下了英國國旗，尼赫魯代表印度人民親手升起了印度國旗。從此，印度獲得了新生，

尼赫魯終生為之奮鬥的理想得以實現。

五、共和國的首任總理

1950年1月26日，印度憲法正式生效，宣布印度為共和國。尼赫魯出任共和國首屆總理，此後又連任三屆總理，一直到逝世。除擔任總理外，他還兼任過外交部長、原子能部長、計劃委員會主席等職，其間還當選了三屆國大黨的主席。印度獨立初期，國大黨內有個「三巨頭」的時期，即甘地、尼赫魯、帕特爾❶的三人領導時期。但是，這個時期不長，甘地和帕特爾於1948和1950年相繼去世。此後，尼赫魯排除了黨內其他派系勢力的干擾，掌握著黨政大權，開始了印度現代史上所謂的「尼赫魯時代」。

建國初期，尼赫魯為了消除英帝國主義的殘餘勢力，削弱國內封建主義的影響，發展民族經濟，鞏固國家統一，進行了一系列的社會改革措施：

首先，尼赫魯政府採取了各種措施，用印度人來取代在軍隊和政府機構中的英國人，即所謂的「印度人化」。 剛獨立時，印度的政府機構是從英國人手裡接收下來的，在軍隊中有大量的英國軍官，在文職官員中也有一半以上的英國人。尼赫魯政府改組了軍隊的領導機構，由印度總統擔任三軍最高統帥，並且培訓和提拔大批印度人擔任各級軍官。另外，廢除了原來的英國文官制度，建立起印度自己的行政官員制度，在政府中全部啟用印度人。

---

❶ 薩達爾·瓦拉巴伊·帕特爾是國大黨的司庫，控制著黨的財政大權和黨組織，又擔任政府副總理，兼管內政、新聞廣播、省邦關係等對內部門。

　　其二，重新劃分行政區域。獨立前，印度是處於地方割據狀態，由英屬印度十一個省分和六百個封建土邦所組成。印巴分治時，九個省分和五百五十二個土邦歸屬於印度，但是處於分裂狀態。為了鞏固國家的統一，削弱封建王公的勢力，尼赫魯政府在印巴分治後陸續合併了一些邦，於1950年將全國劃分為二十八個邦。大的邦由邦長治理，小的邦由中央派的專員管轄。為了消除同一個民族被分割在幾個邦的現象，許多地區的人民掀起了要求按語言劃邦的運動。1955年，印度政府考慮到民眾的要求，又重新將全國劃分為十四個邦和六個中央直轄區，並設立了地區委員會，以利於中央的管轄。

　　其三，在農村實行土地改革。尼赫魯早在三十年代就對農村的土地問題比較重視，主張進行土地制度的改革。印度獨立後，他領導的政府在土地改革上採取的主要措施有：廢除柴明達制度❼，取締大地主的包稅特權，分散了土地占有權；規定占有土地的最高限額，超過最高限額的土地，由政府徵收，分給農村貧民；實行租佃保障，規定「公平租金」，以保證佃農不付過高租金；固定土地所有權，以利於採取措施應用各種現代科學技術。尼赫魯實行的土地改革，雖然是不徹底的，但在一定程度上改變了農村的生產關係，促進了生產力的發展。

　　其四，實行「混合經濟」的政策。所謂「混合經濟」，主要是

---

❼　柴明達制度是印度獨立前農村最主要的封建土地制度，它產生於莫臥爾王朝。「柴明達」，是指一批在土地的耕種者與封建國家之間的包稅人。1793年英國殖民者「整理」印度農村耕地時，這些包稅人才成為國家法律承認的地主階級。柴明達地主向佃戶收取地租，然後再向國家交納定額的田賦。後來，這種土地制度逐漸演變為一次確定田賦數量便永遠不變的永佃制，或者定期調整田賦數量的暫時租佃制。一戶柴明達地主，往往擁有幾百、幾千英畝的土地，廣大農民都是其佃戶。

指公營和私營並舉的經濟，這也是尼赫魯提出的「社會主義類型社會」的特點之一。獨立初期，印度從英國殖民者手中接受的鐵路、郵電、港口和軍火等事業，是最早的公營經濟。後來，政府又直接投資建設了鋼鐵、煤炭、石油、飛機製造、造船、原子能生產等新企業，並且利用政策和法令限制本國和外國私人資本進入這些領域，從而創立了在國民經濟中占主導地位的公營經濟。政府在限制私人經濟發展範圍的同時，又通過補貼、信貸、減免稅收等一系列措施，扶植私營企業在某種領域的發展。1956年，政府頒布了工業政策決議，決議中就強調了這種公私營經濟並舉的政策。

尼赫魯在建國之初所採取的各項改革政策和措施，基本上都是有成效的。它們對鞏固民族獨立，保障國家統一，發展社會經濟，提高人民生活都起了重要的作用。

在尼赫魯的領導下，印度在國際社會中的地位和聲望迅速提高。尼赫魯作為剛剛獲得獨立的國家的代表，他迫切希望建立一種新型平等的國際關係與和平穩定的國際環境，以維護國家主權，振興民族經濟。他與周恩來總理共同倡導的「和平共處五項原則」，就反映出這種共同的願望。1954年6月，周恩來應尼赫魯的邀請訪問印度，他們確定了這種原則，並且在6月28日發表的「中印兩國總理聯合聲明」中，正式宣布將「互相尊重領土主權、互不侵犯、互不干涉內政、平等互利、和平共處」的五項原則，作為指導兩國關係的原則。五項原則，在印度被稱為「潘查希拉」(Panchasila)。「潘查希拉」，在梵文中的意思是「五戒」，即佛教和耆那教所規定的五種戒律，在這裡印度人把它作為約束國家關係的五種原則。這五項原則一問世，便被許多國家所接受，在國際上得到廣泛的支持和歡迎。1956年，尼赫魯在《印度的發現》中文譯本的序言中曾說：

我們已經共同奠定了我們稱之為「潘查希拉」的國際關係的某些原則。這五項原則已經傳布到許多其他國家，並且日益獲得世界各族人民的同情。如果這些原則能為世界上一切國家所接受，並以誠實正直和一種合作的精神來奉行，那麼確實就不會有戰爭或衝突的危險了。

現今世界充滿了恐懼和不安，憎恨和暴力。幾天以前，我們紀念了釋迦牟尼涅槃二千五百週年。他的和平教義過去曾經那麼深刻地影響了印度和中國。在這個多難的煩惱的世界上，我們今天正在為和平而努力。為了創造和平的氣氛，我們必須廓清恐懼與仇恨的氣氛，並且鼓勵各國之間的真正了解。⓱

　　1955年4月18日至24日，尼赫魯率領印度代表團參加了在印度尼西亞的山城萬隆召開的亞非國家會議，這是他在國內外聲譽處於頂峰年代的一項重要活動。印度是萬隆會議的五個發起國之一。1954年4月，尼赫魯和印尼、緬甸、巴基斯坦、錫蘭四國總理在科倫坡開會時，就決定召開這次會議，並且積極參加會議的籌備工作。萬隆會議有二十九個新獨立的亞非國家參加，代表著世界上將近五分之三的人口。在會議上，尼赫魯積極主張加強亞非國家的團結合作，支持亞非人民爭取和鞏固民族獨立的鬥爭，並且堅持以和平共處五項原則作為國際關係的準則。這次會議所反映出的亞非國家反對殖民主義、要求民族獨立、渴望團結合作、和平共處等願望，被人們稱之為「萬隆精神」。

⓱　尼赫魯:《印度的發現》（齊文譯），中文譯本序言，北京，世界知識社，1956年。

獨立後的印度，一直奉行一種不結盟的外交政策，這種政策就是尼赫魯親自制定的。他認為，在第二次世界大戰以後世界上形成了兩大對立的陣營，這兩個陣營的力量基本上是平衡的，誰也不會輕易戰勝誰。印度剛剛獲得獨立，需要維護國家主權和發展民族經濟，因此不參加任何聯盟，不受制於任何人，對印度的發展是有利的。在這種思想的指導下，尼赫魯一直堅持不結盟的外交政策。後來，他與埃及總統納賽爾、南斯拉夫總統鐵托一起倡導和組織了不結盟運動。1961年，尼赫魯參加了在貝爾格萊德召開的不結盟運動首腦會議。此後，這個運動得到了世界的公認，越來越多的國家奉行不結盟的政策。

1962年中印邊界戰爭之後，尼赫魯在政治上的黃金時代已經過去，他在政府和黨內的領袖地位也開始削弱。由於戰事的失利，他的內閣同僚指責他，反對黨第一次對他領導的政府提出了不信任案。同時，國內物價上漲，捐稅增加，引起了人民的不滿。尼赫魯在這種巨大的壓力下，身體日漸衰弱。1964年初，患輕度中風，步履維艱，同年5月27日病逝，享年七十四歲。

印度政府宣布，全國為尼赫魯的逝世舉哀十二天。1964年5月28日，印度政府為尼赫魯舉行國葬，送葬的隊伍長達十公里，參加者有三百萬人之多，其中有許多外國的國家元首和政府首腦。6月9日，舉行尼赫魯骨灰的拋撒儀式。尼赫魯早在1954年6月21日就已立下遺囑，表示要將他的骨灰撒入恆河。他說：「恆河是印度的河，是印度悠久文化與文明的象徵」，「我對那偉大的傳統感到驕傲，並且清醒地認識到自己也是源自印度歷史黎明的鏈條中的一環」，「作為我這一嚮往的明證，並表示我對印度文化傳統的最後敬意，我要求將我的骨灰的一部分送到阿拉哈巴德，撒入恆河，歸入沖刷印度

海岸的大洋」。⑲遵照他的遺囑，其骨灰的一部分，被送往他的故鄉阿拉哈巴德，拋撒在哺育他成長的聖河——恆河之中；另一部分則用飛機裝載，從空中飄撒在印度遼闊的土地上。

尼赫魯，這位為祖國的獨立和富強奮鬥了終生的民族英雄，雖然離開了人間，但是他的偉大業績，卻永遠寫在印度的史冊上，他的光輝名字也將永遠留在印度人民的心中。

---

⑲　梁潔筠：《尼赫魯家族浮沉記》，第124–125頁，北京，時事出版社，1994年。

第二章　思想的特點與淵源

　　尼赫魯在印度現代歷史上是一位出類拔萃的人物，他不僅是卓越的政治家，而且也是傑出的思想家。與其他印度現代政治領導人相比，尼赫魯是一個多才多藝的、具有多方面文化修養和知識興趣的人。除了政治和經濟之外，他還對哲學、歷史、宗教、倫理、文學、美學、科學、藝術等方面，都有濃厚的興趣和較深的修養。他的這些興趣和修養並不是表現在業餘或閑暇的愛好上，而是表現在他對各種社會問題的探索和研究上、對國內外各種政策的制定和執行上。

　　尼赫魯不僅以他豐碩卓著的政績在印度的史冊上寫下了光輝的一頁，而且也以其複雜多樣的思想體系為人類的思想寶庫留下了一筆珍貴的精神財富。作為一位思想家，他有一套較為完整的、錯綜複雜的思想體系。這個體系不僅涉及到政治、經濟，而且涉及到哲學、歷史、宗教、倫理、科學、教育、文化諸多方面。尼赫魯在繼承印度傳統文化的同時，大量吸收西方近現代哲學、社會政治科學和自然科學的內容，將東西方思想、傳統和現代文化有機地融匯在一起，創造出自己的一套獨特而複雜的思想體系。如他所說：

　　　東方和西方思想在我身上奇怪地混合在一起，我在任何地方

都感到不適合，沒有一個地方感到自在。也許我的思想和對生活的看法接近西方多，接近東方少，可是印度在各方面深刻地影響著我，像對她的所有的兒女一樣；並且我還有若干代婆羅門的下意識的、民族的回憶作背景。我不能擺脫過去的遺產和新近學到的東西，它們都是我的一部分。❶

一、尼赫魯思想體系的基本特徵

尼赫魯的思想體系是豐富而龐雜的，在具體討論他的各種思想之前，我們有必要闡述一下這個思想體系的基本特點。概括地講，尼赫魯的思想具有四個基本的特徵：⑴推崇科學和科學方法的理性主義精神；⑵追求自由平等的人道主義精神；⑶兼收並蓄、包容調和的折衷主義精神；⑷面對社會、務實求真的現實主義精神。凡是研究過尼赫魯思想的人，都會體會到這四種精神就像四根扯不斷的紅線一樣貫穿於其體系的始終，融匯在他思想的各個方面。

㈠推崇科學和科學方法的理性主義精神

尼赫魯是一個理性主義者。他從小就學習自然科學知識，並對科學產生了濃厚的興趣，雖然後來登上了政治的舞臺，但是在他的世界觀中卻培養出一種理性主義的思維方式和科學分析問題的方法。與其他一些印度現代思想家相比較，應當說，尼赫魯是最富於理性主義和科學精神的。在著名的現代印度思想家，如甘地、泰戈爾、奧羅賓多、拉達克里希南等人的思想體系中，都包含著不少的

❶ 尼赫魯：《自傳》，第681頁，北京，世界知識社，1956年。

非理性主義的因素。由於他們受到印度傳統宗教哲學的影響，都把某種神秘的、超理性的實體作為人們證悟的對象，把證悟到這種實體視為人們追求的理想境界。例如，在甘地的「堅持真理」(Satyagraha)學說中，他把「真理」看作是神，神具有最高的善性和愛的力量。這種神不是在天上，而是在每一個人的心中。只要一個人證悟到他內在的「真理」或神，就可以產生巨大的愛心和善性，他可以通過這種愛的精神力量再去感化他人，啟迪他人的內在的神性。即使是犯錯誤或犯罪的人，內心也有神性，一旦他們內心的神性被別人喚醒，他們也可以改邪歸正、改惡從善。甘地的非暴力原則就是以這種理論為基礎的。在這裡，甘地所強調的是用直覺證悟的方式去體會人內在的非理性的神。泰戈爾也強調依靠直覺去證悟神，他把神稱為「無限」，把人或自然稱為「有限」，主張通過直覺的方式在「有限」中體悟「無限」，從而達到人與神相結合的理想境界。比較而言，尼赫魯的思想體系中非理性的因素是很少的。雖然他在某些方面也多少受到傳統吠檀多哲學的影響，譬如認為人生的「終極目的」是超越理性的，是科學的方法所不能認識的。但是，這與他一生宣傳科學的作用和價值，強調理性主義和科學精神的觀點和言論相比，簡直是微不足道的。

尼赫魯的理性主義精神貫穿於他思想的各個方面。首先，表現在他對宗教的態度上。他批判那些有組織的宗教，認為這些宗教經常倡導盲從和反動，主張教條和頑固，維護迷信、剝削和既得利益。關於上帝，他說：

　　神秘的東西是什麼，我不知道。我不稱之為上帝，因為關於上帝的說法有許多是我不相信的。我發現我自己不能夠根據

神人同形說來設想一個神或任何未知的至高權威。 ❷

對於各種宗教教義和理論，他皆表示懷疑或不相信：

> 作為一個宗教信仰，我不相信任何這些或其他的理論和假設。
> 它們不過是對於我們幾乎全不了解的未知領域的理智的探
> 索。它們並未影響我的生活，不管後來證明它們正確或錯誤，
> 對我都沒有多大關係。

另外，他對科學表現出極大的熱情和興趣，他讚揚科學在促進人類
進步和社會發展的巨大的作用，認為沒有科學就沒有今天的現代社
會。他提倡科學實驗、客觀探索、破除迷信、勇於創新的精神，主
張用科學的精神和方法武裝人們的頭腦。他認為科學的方法和精神
不僅是一種思維方式，而且是一種生活方式，即「人與人之間工作
和相處的方式」。他不僅自己力圖把科學的精神和方法應用到政治、
經濟和社會生活的各個領域，分析和解決他所面臨的一切社會問題，
而且還想用科學的精神和方法去教育和武裝每一個印度人，力爭使
印度社會盡快地從愚昧和落後的狀態中解脫出來。這種提倡科學的
理性主義精神是尼赫魯世界觀之精華，滲透在他的各種學說和思想
之中。

㈡追求自由平等的人道主義精神

　　人道主義精神是尼赫魯世界觀的基石，是他追求各種社會理想
的原動力。早在英國留學期間，他就深受十九世紀西方人道主義思

❷　尼赫魯：《印度的發現》，第19頁，北京，世界知識社，1956年。

想的影響，尤其是像盧梭、孟德斯鳩、穆勒這些法國英國大思想家的影響。用他自己的話說：十九世紀西方人道主義的自由傳統對他影響太大了，以至於他終生不能擺脫它。這種人道主義思想促使他反對宗教蒙昧主義，肯定人的價值和人生的意義；反對悲觀遁世，追求美好的生活和未來；反對等級壓迫，追求自由、平等、博愛；反對外族統治，爭取民族獨立和平等。

　　在尼赫魯的學說中，到處都可以看出其人道主義思想的印記。例如，在他的民主學說中，他把個人的自由與個人的充分發展看作是實現民主制度的重要的一環。他認為，一個真正民主的社會必須提供各種條件，以保證每個公民有實現自身價值的自由，有充分發揮自己智慧和才能的自由。損害人的尊嚴、壓制個性的發展，不可能有真正的民主。在他的社會主義學說中，他把公平分配社會財富、保障人們在經濟上的平等地位，看作是他提出的「社會主義類型社會」的重要組成部分。在他看來，沒有經濟上的平等，也就不可能有人民在政治上的平等。在他的世俗主義學說中，他批判印度教的種姓制度，主張消除一切以宗教、民族和種姓為基礎的社會差別和歧視，給予每個人以同等發展的機遇，保證人民的社會平等。此外，尼赫魯還把他最推崇的兩種精神——科學精神和人道主義精神結合起來，提出所謂的「科學人道主義」思想，試圖用這種思想來解決現代社會的各種矛盾和衝突。

㈢兼收並蓄、包容調和的折衷主義精神

　　尼赫魯是一個自由的、開放型的思想家，他從不把自己局限於某一種學說或主義中，他的思想向各種現代進步的學說和思潮敞開著。在英國讀書期間，他對當時西方流行的各種社會政治學說和思

潮都十分感興趣，尤其是費邊社會主義和福利國家的思潮。回國以後，他追隨甘地，接受了甘地的非暴力學說。二、三十年代，他又研究馬克思主義，對馬克思的辯證唯物論哲學和社會主義學說格外地推崇。在長期的獄中生活中，他還潛心研究了印度的歷史、哲學、宗教和文化，力圖尋覓印度文化多樣性背後的統一性和一致性。尼赫魯一生博採眾長、兼容並蓄，東方的、西方的、古代的、現代的各種思想都融匯在他的腦海中，使他的思想呈現出廣博的包容性。但是，他從不刻守某種單一的一成不變的學說或主義，而是根據自己政治鬥爭的需要，將各種學說，甚至完全對立的學說進行融匯調和，力求創造出適合印度國情的東西。

用他女兒英迪拉・甘地的話說：

賈瓦哈拉爾・尼赫魯的思想與任何具體的思想學說都不完全一致。他在監獄的漫長的歲月中堅持不懈地讀書。他吸收了許多東方和西方的思想，甚至近代和現代的哲學體系。雖然他從來不是一個宗教主義者，但是他在一定程度上對自己祖國的文化和傳統卻充滿著深厚的愛。雖然他不是堅定的馬克思主義者，但是他卻受到馬克思主義理論的深刻影響，尤其是1927年訪問蘇聯時所見到的一切給他留下了深深的印象。但是，他深知，世界是非常複雜的，一個人常常會處於許多學說的邊緣之間，是為了把這些學說融匯為一體或者進行總體的解說。❸

---

❸　A. H. 瓦法，A. D. 里特曼：《賈瓦哈拉爾・尼赫魯的哲學觀點》，第20頁，莫斯科，1987年。

　　這種兼容調和的折衷主義精神，在尼赫魯的思想中是隨處可見的。譬如，印度獨立之後，他試圖在資本主義和社會主義之間進行調和，尋求一種介於兩者之間的「中間道路」或「第三條道路」。他認為，世界上有兩種對立的，相互鬥爭的政治經濟體系：一個是歐美式的資本主義，一個是蘇聯式的社會主義，這兩者都不完全適合於印度的國情。在他看來，這兩者各有缺點：資本主義社會競爭殘酷，財富分配不均，貧富懸殊；社會主義社會提倡階級鬥爭，經常用暴力解決社會問題等等。他提出的「社會主義類型的社會」或「民主社會主義」的思想，就是介於資本主義和社會主義之間的一種「中間道路」，力圖把兩者的優點結合起來，即把社會主義主張經濟平等的特點和資本主義主張議會民主的特點融合在一個體系中。為了發展社會經濟，他提出了「混合經濟」的政策。這種政策既鼓勵公有制經濟的發展，又保護私有制經濟的存在；既包含著社會主義公有制的因素，有包含著資本主義私有制的因素；試圖把這些對立的因素調和在一起，調動各方面的積極性。在外交政策方面，尼赫魯一直奉行一種獨立的不結盟主義，他的這種政策也是力求在資本主義和社會主義兩大陣營的對抗中，創立一個「第三區域」或「中間地帶」，在對立的各方之間尋求調和，「在相互衝突的國家和意識形態之間充當橋樑和紐帶。」❹

㈣面對社會、務實求真的現實主義精神

　　尼赫魯是一位政治思想家，他長期擔任民族運動的領導人和印度總理的職務，他所關心的首先是社會現實問題——如何實現印度的獨立，如何發展經濟和提高人民生活，如何解決社會各種矛盾和

---

❹　R. K. 卡蘭吉亞：《尼赫魯先生的哲學》，第150頁，倫敦，1966年。

維護國家的統一，如何提高印度的國際地位等等。因此，他與一般的思想家不同，他觀察問題、思考問題、研究問題、闡述任何思想，都是從實際出發，並為著解決他所面臨的實際問題，所以在他的思想中充滿著一種濃厚的務實的現實主義精神。與其他現代印度思想家相比，在尼赫魯的著述中沒有奧羅賓多的那種抽象玄妙、充滿神秘主義的理論闡述，也缺乏泰戈爾的那種詩情畫意的、充滿浪漫主義的理想境地，然而他所具有的卻是面對現實、務實求真的實用主義精神。

尼赫魯在闡述他對哲學的看法時說：「任何現代的哲學，都必須能夠解答今天的問題。」在他看來，任何一種有生命力的理論學說，必須來源於社會實踐，也必須為社會的現實生活服務。不能為現實服務的、脫離實際的理論，是沒有生命的。因此，他對那些理論深奧的抽象的形而上學體系並不十分感興趣，而他最感興趣的是那些與民眾息息相關的，能夠指導民眾生活和行動的大眾化哲學。尼赫魯之所以對馬克思主義學說感興趣，其原因就在於他不僅認為馬克思主義是理解歷史和社會現實現象的一種不可缺少的方法，而且認為它是一種「行動的指南」。尼赫魯在幾十年的社會實踐中研究過許多東西方的理論和學說，他都是根據實際鬥爭的需要，吸收其有用的部分，並用之來解決實際的問題。他是一個堅持理論思維與實踐活動相結合的人。對他來說，真正的問題就是人生的問題和社會現實問題，因此，他的任何研究和理論思考都是為了解決他所面臨的現實問題。這種現實主義的務實精神反映在他的各種著述和講演之中。

二、尼赫魯思想的淵源

尼赫魯的世界觀是在多種思想的熏陶和影響下，經過一個長期和複雜的發展過程而逐步形成起來的。他的思想體系包含著多樣性的因素：既有東方的，又有西方的；既有傳統的，又有現代的；可以說是東西方、傳統與現代思想的一種奇妙的交融和再創造。關於尼赫魯的思想淵源，主要有以下四個方面：

㈠印度傳統文化的影響

尼赫魯出生於印度北方的宗教名城——阿拉哈巴德，這個地區與其他地區不同，它是一個印度教和伊斯蘭教混合文化的地區。他從小生長在這種宗教文化的環境中，即使他對宗教不十分感興趣，但是傳統文化潛移默化的影響和婆羅門種姓的潛在意識，在他頭腦中留下的印痕還是相當深重的。後來，在長期的民族解放運動中，尤其是在近十年的監獄生活中，他堅持不懈地研究印度的古代歷史、哲學、宗教、文學、神話、藝術等等，使他對祖國傳統文化有了較深刻的了解。如他所說：

> 照這樣或其他的方法，我努力去發現印度，去發現過去和現在的印度，我使我的心情能易於感受到從今人古人方面得來的印象和思想與情感的浪潮。❺

在傳統文化中，印度古代經典——吠陀、《奧義書》、《薄伽梵歌》

---

❺　尼赫魯：《印度的發現》，第72頁。

等給尼赫魯留下深刻的印象。他認為，《梨俱吠陀》是一部印度古代先民讚美和歌詠大自然的壯麗詩歌，全書瀰漫著一種活潑的生氣和對人生的肯定，反映出吠陀時代雅利安民族對生活的濃厚興趣和豐富的想像力。他曾以《梨俱吠陀》為例，批駁某些西方學者污蔑印度人的人生觀是悲觀厭世、否定人生的觀點。尼赫魯十分欣賞《奧義書》中所包含的理性主義和追求真理的精神，他說：

> 《奧義書》之中充滿著探討的精神、心智的探索和要尋求一切事物真理的熱情。在尋求真理中所用的當然不是現代科學中的客觀方法，但是在它的那種理解中也還有一種科學方法的成分。❻

實際上，《奧義書》中那種探討真理、追究問題的理性主義精神和方法，對尼赫魯的世界觀和思維方式曾產生過潛移默化的影響。在評價《薄伽梵歌》時，他說，這部富有哲理的偉大詩篇所涉及的主要是人類的道德、義務和理想的問題，它號召人們「用自己的實際行動去履行人生的義務和責任」，「行動和生活必須適合時代的最高理想」。《薄伽梵歌》寫成後已有兩千多年的歷史了，印度人民經歷了一次又一次的歷史變遷，為什麼它至今仍然有其生命力，有不少適合今天時代需要的東西呢？原因就在於《薄伽梵歌》提倡用行動來履行義務、來效忠神，而這種行動可以用現代的說法解釋為「改善社會的、為社會服務的、實踐的、利他的、愛國的和博愛的行動」等等，從而使人們的行動為現代的社會鬥爭服務。例如，提拉克、奧羅賓多和甘地這些民族主義運動的領導人，都大力宣傳《薄伽梵

---

❻ 同上書，第101頁。

歌》，其目的就是引導人民用自己的行動投身於民族獨立運動。

尼赫魯對印度古代哲學也頗有研究，他在《印度的發現》一書中專門有兩章來介紹和評論印度教的六大哲學派別和佛教哲學思想等。在他看來，印度是一個篤信宗教的國度，印度古代哲學是以宗教哲學為代表的，因此印度哲學在廣大民眾中的普及程度要比其他國家高，它對人們世界觀和人生觀的影響也比其他國家大。所以，他要想宣傳民眾、發動民眾，就必須了解民眾的思想，也必須研究印度的各種哲學傳統。在傳統的各派哲學中間，對他影響較大的是吠檀多不二論哲學。他曾說：

> 在理智上，我能夠多少體會些一元論的概念，同時我為吠檀多哲學的不二論（非二元論）所吸引，但是我並不自命懂得它的一切深奧和錯綜之處，我認識到對這些問題的一點點理智上的體會是不夠的。與此同時，吠檀多哲學以及其他類似的見解，他們模糊而無形地神遊於「無限」之中，頗使我吃驚。大自然的多樣性和充沛激動著我而產生出精神上的諧和，並且我能設想自己在古代印度的或希臘的異教徒與泛神論的氣氛中覺得很自然，只是要除掉依附於它的神或眾神的概念而已。❼

在評論印度古代宗教時，尼赫魯承認佛教創始人佛陀的思想和人格對他有較深的影響。他說：

> 甚至在我的少年時期佛陀的故事就打動著我，我被這個青年

---

❼　同上書，第19頁。

悉達吸引住，他經受了許多內心的鬥爭和痛苦才成了佛。❽
佛陀勇於攻擊流行的宗教，迷信，祭儀和祭司，以及一切屬
於他們的特權。他也斥責形而上學的和神學的觀點、奇蹟、
天啟和對付超自然物的一些作法。他號召的是邏輯、理性和
經驗；他著重在倫理方面，而他的方法是一種心理的分析，
一種不講靈魂的心理學。他的整個看法好像來自高山的一道
清風，吹到這形而上學的空論的陳腐空氣裡。❾

後來，尼赫魯在許多次講演中都宣傳佛陀反對迷信、教條和儀式的
革新思想，並且號召人們學習他的那種寬容大度的人格和精神。

在對待傳統文化的態度上，尼赫魯說：

根深蒂固的傳統是不容易被摒棄的；在危急的關頭，它會抬
起頭來支配人們的心情，我們常常見到特別利用這種傳統來
鼓動人民去盡最大的努力和犧牲。大部分傳統，是要在相當
程度上接受過來，並且改造它，使之能適合於新環境和新的
思想方式，同時也要把新的傳統建立起來。❿

他本人就是這樣做的，他力求繼承祖國優秀的文化遺產，然後加以
改造，並且注入西方的一些先進思想，使它們相互交融貫通，以適
應現代印度社會的需要。

---

❽　同上書，第153頁。

❾　同上書，第140頁。

❿　同上書，第52頁。

㈡西方近現代哲學和社會政治學說的影響

尼赫魯生長在一個東西方文化融匯的家庭中。他的父親是一個
具有反叛精神、崇尚西方文明和西方生活方式的民族主義者，他的
家庭西方化的氣氛相當濃厚。他自幼有英國保姆看護，後又請來英
國的家庭教師教他英文、西方文學和各種自然科學知識。十六歲時，
他被父母送往英國讀書，在倫敦和劍橋大學學習七年。青少年時代
的這種經歷，使尼赫魯的思想受到西方文化的深刻影響，是絲毫不
令人奇怪的。如他所說：

> 就我個人來說，我在思想方面深受英國的影響，因而永遠不
> 能和它完全分開。同時，無論如何，我也不能擺脫我在英國
> 學校和大學裡所養成的那種思想習慣，以及在對其他國家和
> 生活進行一般評價時所使用的那種標準和方法。我的一切偏
> 愛(除了政治方面以外)都是傾向於英國和英國人民的……⓫

在西方文化中，尼赫魯熟悉歐洲古代的歷史和古希臘羅馬的哲
學，但是對他吸引力更大的還是歐洲近代和現代的社會政治思想，
尤其是文藝復興的思想。他讀了許多有關文藝復興的書籍，他認為
文藝復興蘊育著偉大的理性主義和人道主義精神，它打破了歐洲中
世紀的黑暗和愚昧，解放了人民的思想，給歐洲帶來了光明和科學。
他說：

> 文藝復興解放了歐洲的心智，使其脫離許多舊有的桎梏，摧

⓫　尼赫魯：《自傳》，第477頁。

毀了許多它素所珍惜的偶像。是否部分地和間接地由於文藝
復興抑或不關文藝復興，人們已經感覺到有一種客觀研究的
新精神，這種新精神不僅向久經公認的權威挑戰，而且也向
抽象的概念和模糊的揣測挑戰。**⑫**

在文藝復興時代的巨星中，尼赫魯最推崇的思想家是達·芬奇，稱
他為「最喜歡的人物」，把他看作「科學的統帥，實踐的戰士」。文
藝復興中的理性主義和人道主義思想深深地吸引著尼赫魯，為他世
界觀的形成奠定了堅實的基礎。他接受了文藝復興所倡導的對宗教
和神學的批判、對人和人性的新態度、對大自然的新理解、以及對
人與神、人與自然關係的新觀點。

十八世紀法國啟蒙思想家的哲學和社會政治思想，對尼赫魯的世界
觀也產生過重要的影響。他閱讀過孟德斯鳩、伏爾泰和盧梭等大思
想家的著作，欣賞他們對封建專制主義和天主教教會黑暗統治的揭
露和批判、讚揚他們的天賦人權的主張和對自由、平等、博愛的追
求。他特別讚賞盧梭的社會政治思想，認為「他的新的、勇敢的社
會政治理論，使得許多人的頭腦煥發出新的思想，產生出新的方
法。」**⑬** 在評論法國革命時，他說：

> 十八世紀是民族主義和愛國主義思想的見證者。法國的哲學
> 促進了這個發展過程，偉大的法國大革命給這種思想打下了
> 深深的印記。**⑭**

---

⑫ 尼赫魯：《印度的發現》，第337頁。

⑬ A. H. 瓦法，A. D. 里特曼：《賈瓦哈拉爾·尼赫魯的哲學觀點》，第31
頁。

他從法國思想家那裡接受了著名的行政、立法、司法三權分立的學說，建立民主共和國的思想以及自由平等乃是天賦人權的觀點。應當說，這些思想對尼赫魯後來成長為一個偉大的民族主義和民主主義的戰士曾起過重要的作用。

此外，英國近現代思想家的學說及社會思潮，對尼赫魯也有很大的影響。在英國留學時，他就喜歡閱讀蕭伯納、羅素、洛斯・狄更生的著作以及各種流行的政治書籍，並且經常與同學進行熱烈的討論。為了解決印度的民族問題，他親自到愛爾蘭，調查在那裡發生的民族鬥爭和各種民族主義觀點。另外，令他感興趣的還有當時在英國流行的費邊社會主義和福利國家的思潮。費邊社會主義，是二十世紀初期在英國非常時髦的一種社會改革思潮。這種思潮的主要代表人物有蕭伯納、韋伯等，他們主張用和平的、漸進的方式進行社會改革，首先通過民主投票選舉出自治的市政府，然後市政府逐步把土地和產業資本轉化為社會所有，從而實現由資本主義向社會主義的過渡。英國現代經濟學家庇古提出了「福利國家」理論，他主張通過「混合經濟」，「充分就業」，「收入再分配」和「社會福利設施」等，來建立「福利的國家」。無論是費邊社會主義，還是福利國家的思想，對尼赫魯以後的建國方略都產生了一定的影響。

㈢馬克思主義的影響

1927年2月，尼赫魯代表印度國大黨參加了在布魯塞爾召開的世界被壓迫民族大會，並且發起組織了世界反帝大同盟，在這裡他接觸了許多國際勞工運動和社會主義運動的領導人，使他對馬克思主義和國際反帝運動有所了解。同年11月，他與全家訪問了蘇聯，

---

❿　同上書，第31頁。

蘇聯的社會進步、工業發展和人民精神面貌的巨大變化都給他留下
深刻的印象，激起了他對馬克思主義的強烈興趣。回國以後，他不
僅自己研究馬克思主義，而且到處發表演講，宣傳社會主義思想。
在他多次被捕入獄、漫長的監獄生活中，他閱讀了許多馬克思主義
的著作和文獻，從而使他的馬克思主義理論水平也有很大的提高。
三十年代是尼赫魯對馬克思主義和社會主義興趣最濃厚的時期，在
此期間他寫的《世界歷史的一瞥》和《自傳》等，都反映出他運用
馬克思主義的觀點去理解和說明歷史、觀察和分析社會的現實鬥爭。

　　馬克思主義對尼赫魯世界觀的影響是多方面的，首先是它的哲
學思想。馬克思的辯證唯物論哲學令尼赫魯十分感興趣，他說：

> 我能夠毫無困難地接受馬克思主義者的很多哲學觀點：它的
> 一元論與精神和物質的一致性，物質的運動與通過作用和相
> 互作用、因果關係、正反合而完成的發展和飛躍的不斷變化
> 的辯證法。❺

馬克思主義的歷史觀對他有較大的影響，他認為用馬克思主義的觀
點去分析和解釋歷史，人類歷史的發展就比以前清晰多了，社會的
前進也有其自身的發展規律了。在他看來，與其他的理論和方法相
比，唯有馬克思主義分析歷史的觀點和方法更高明一些，可以使人
們得到比較滿意的答案。此外，馬克思主義的經濟理論和社會理想
論，對尼赫魯的思想發展都產生過一定的影響。他認為，馬克思主
義關於發展公有經濟、公平分配財富、消滅貧富差別、保證社會平
等的一系列主張對解決印度的問題是十分必要的。在三十年代，他

❺　尼赫魯：《印度的發現》，第21頁。

曾說：

> 我確信，解決世界問題和印度問題的唯一辦法就是社會主義
> ……簡言之，這是一種新的文明，一種與資本主義秩序完全
> 不同的文明。❶

　　應當指出，儘管馬克思主義對尼赫魯的思想有一定的影響，但
是絕不能把這種影響估計得過高。正如印度思想評論家 K. 迪莫達
蘭所說的：

> 尼赫魯是接受了一些馬克思主義的原理和辯證唯物主義的哲
> 學思想，並且把它們運用到印度和現代世界的實際中。但是，
> 如果你確信他的哲學觀點與馬克思主義是完全一致的，那將
> 是一個錯誤。❶

尼赫魯並不是一個馬克思主義者，即使是在他對馬克思主義興趣最
濃的三十年代，他也不止一次地宣布：馬克思主義「不能使他完全
滿意，也沒有解答他心中的所有問題」。他還經常批評馬克思的階
級鬥爭理論以及用暴力解決社會各種問題的方法。實際上，從四十
年代，特別是在第二次世界大戰以後，由於國際風雲的變化，尼赫
魯對馬克思主義的興趣也逐漸減弱。

---

❶　薩維帕里・高帕爾編：《尼赫魯文選》，第300頁，德里，1980年。
❶　K. 迪莫達蘭：《印度思想：批判性的評述》，第470頁，孟買，1967年。

㈣甘地主義的影響

1915年，甘地滿載盛譽從南非回國，投身於印度的民族主義運動。1916年12月，尼赫魯與甘地在國大黨的勒克瑙會議上第一次會面。1919年，尼赫魯不顧父親的反對，堅決辭去律師職務，開始追隨甘地，加入到反英鬥爭的行列。1920年甘地在印度發起了第一次非暴力不合作運動，尼赫魯在甘地的影響下，積極投入運動，經常到農村去，宣傳群眾、動員群眾。此後，一直到1948年甘地逝世，尼赫魯作為甘地的學生和戰友，共同戰鬥了近三十年的時間。在尼赫魯的一生中，甘地對他的影響是相當大的。是甘地，最初吸引和指導他投身於民族運動；是甘地，支持他走上國大黨的領導崗位並當上了國大黨的主席……甘地本人曾多次講過「尼赫魯將是我的繼承人」。

談到甘地對尼赫魯的影響，這是一個比較複雜的問題。一方面，尼赫魯接受並繼承了甘地的一些政治和道德學說，在他的著作中曾多次闡述甘地的思想和人格；但另一方面，尼赫魯並不是正統的甘地主義者，他在許多方面與甘地的思想有分歧，他對甘地的學說也進行過多次的批評，有時還是相當尖銳的。

尼赫魯對甘地的評價是：

> 至於甘地本人，他是一個很難了解的人物，他有時所講的話幾乎是一般現代人所不能理解的。但是我們認為我們跟他很熟悉，認識他是一個偉大的、奇特的人物，一個傑出的領袖。[18]

---

[18] 尼赫魯：《自傳》，第82頁。

不論甘地是不是一個民主主義者，他確實代表了印度的農民群眾；他是千百萬人民自覺的和潛在的意志的精華。也許，他不僅是代表而已，而是這些千百萬廣大人民理想的化身。當然，他不是一個普通的農民。他是一個具有最深邃的智力、優美的情操、高雅的趣味和廣闊的眼界的人。他練達人情，然而本質上卻是個苦行者，抑制自己的情欲和感情，使它們昇華起來，納入精神境界。他是一個巨人，像磁鐵似地吸引著人民，博得熱烈的愛戴和皈依……[19]

甘地對尼赫魯思想的影響主要表現在哲學、倫理和解決問題的方法等方面。例如，三十年代尼赫魯並不完全贊同甘地的非暴力原則，認為非暴力的方法只是一種鬥爭策略，不能像甘地那樣把它絕對化或宗教化。但是，隨著時間的流逝，尼赫魯的思想也逐漸發生了變化，特別是他擔任印度總理之後，他越來越強調甘地的非暴力方法和寬容哲學的重要性。他說：

我認為，我們從阿育王、甘地和其他思想家與政治家那裡所繼承下來的方法和哲學──即「自己生存，也讓別人生存」、非暴力、寬容、共存的哲學，是解決我們現時代各種問題的唯一可行的方法。[20]

又說：

---

[19] 同上書，第287頁。

[20] R. K. 卡蘭吉亞：《尼赫魯先生的思想》，第86頁，倫敦，1960年。

> 我稱我們的時代為甘地的時代，我們所實行的政治和哲學就
> 是甘地所教導我們的政治和哲學。㉑

尼赫魯到了晚年，就越來越傾向於甘地的非暴力哲學，主張用和平
的、非暴力的方法解決一切國內和國際的問題。他把非暴力作為他
的國內政策和外交政策的基石，甚至在聯合國大會上宣布，他堅信
甘地的非暴力原則，並建議世界各國都實行這種原則。如他所說：

> 我們認為，想用侵略、戰爭和暴力的手段是不能解決世界的
> 問題和印度的問題的。我們都是渺小的凡人，我們常常不能
> 做到領導我們國家獲得自由的那個偉大人物的教導。但是，
> 他的教誨深深地紮根在我們的靈魂中，我相信，只要牢記這
> 種教導，我們就能沿著正確的道路前進……我大膽地向聯合
> 國大會建議這種非暴力的原則……㉒

印度獨立之後，尼赫魯的所作所為正好驗證了甘地的一個預言，甘
地在1942年曾說過這樣一句話：

> 尼赫魯是我的政治繼承人。當我活著的時候，他可能與我有
> 分歧。但是，當我不在世的時候，他將會用我的語言講話。㉓

綜上所述，尼赫魯的思想體系，一方面淵源於印度傳統文化和
印度民族獨立運動的代表學說──甘地主義，一方面又受到西方近

㉑ 同上書，第23頁。

㉒ V.薄格萬：《印度政治思想家》，第171頁，德里，1976年。

㉓ 同上書，第171頁。

現代各種人文社會科學、自然科學以及馬克思主義學說的影響。西
方文化的影響使他獲得了追求自由、民主的人道主義思想和推崇科
學方法的理性主義精神等，印度文化的熏陶也使他繼承和吸收了自
己祖國文化中的精華和那些至今有生命力的東西。尼赫魯思想的淵
源是多方面的，但是他並不把自己局限於任何一種思想框框中，而
是在吸收各種營養的同時，加以改造和創新，創造出自己的一套獨
具特色的思想體系。

第三章　哲學觀

　　儘管尼赫魯不是專業哲學家，也沒有系統的哲學專著，然而他對哲學有著濃厚的興趣，並且經常在他的各種文章、講演和著述中討論哲學及與哲學相關的問題。他探討過印度教六派正統哲學的發展和歷史作用、佛教哲學的起源和興衰、《奧義書》和吠檀多的深奧哲理及影響、古希臘哲學與印度傳統哲學的聯繫、西方現代的實證哲學和實用主義哲學、馬克思主義的唯物論和辯證法、各種宗教哲學、人生哲學、以及真理與實踐的關係等等問題。他是以一個政治家或國務活動家的態度來關心和看待哲學的。他思考和研究哲學問題，並不是為了哲學而哲學，而是力求透過社會的各種表面現象，揭示社會發展的一般規律、社會前進的方向和決定性因素，以及找到完善人性、提高人們道德修養的方法和手段等等。因此，他把他的哲學觀點看作是其社會實踐活動的指南、制定各種政策的理論基礎和他自己必須遵循和堅持的原則。在這一章中，我們試圖將尼赫魯對哲學的基本看法，以及他對哲學的一些獨具特色的觀點展現給讀者，以使讀者了解尼赫魯的哲學觀及其特點。

一、哲學的目的

　　尼赫魯對各種哲學學說進行了大量考察之後，他得出一個結論：哲學思想來源於社會實踐，因此，它也必須為社會實踐服務。換言之，哲學的目的，就是要為社會的現實生活服務。故而，他有一句名言：「一種現代哲學，必須解答今天的問題。」❶

　　尼赫魯反對那種認為哲學是純粹思想自我發展結果的觀點，他認為，任何一種哲學都是人類社會實踐以及當時歷史條件的產物。當他研究了印度傳統哲學之後，他發現，從表面上看印度的一些形而上學理論，如吠檀多不二論，似乎只追求某種永恆不變的實在，而不涉及社會和人生中各種變化的東西。但實際上，創造這些哲學理論的哲學家們都生活在一定的生活環境中，他們所創造的哲學也必然受到當時歷史條件和社會實踐的限制和影響。因此，他說：「不可避免地，這些形而上學的理論和推測也是它本身環境中的產物，也是懷著這種理論和推測的人類思想發展狀態中的產物。」❷他還進一步把哲學產生的社會條件歸因於創造這種哲學的民族的特殊性。在這方面他提出了印度的「民族世界觀」，這種「民族世界觀」就是印度哲學傳統在數千年的發展過程中所形成的特殊的民族思維方式。由於印度歷史發展和社會環境的特殊性，印度人創造出一種獨具一格的「民族世界觀」，這種世界觀使印度人民具有一種特殊的心理狀態和思維方式。尼赫魯說：

---

❶　尼赫魯：《印度的發現》，第23頁，北京，世界知識社，1956年。
❷　同上書，第225頁。

在印度，哲學，在它的高級領域中雖然局限於少數特定的人士，但是它的普及性卻比其他任何地方都大；在形成民族的見解和培養某種特殊心理上，它一直有過強有力的影響。❸

尼赫魯把哲學分為兩種類型：一種是哲學理論家經過嚴格理性分析的系統的哲學體系；另一種則是一般常人所具有的世界觀或人生觀。哲學家的哲學，可以說是人類對自然和社會發展規律的創造性的分析和總結。而一般人的哲學，則是一個人對人生態度的自覺的理解，或者是不自覺地受他人思想影響的結果。前者往往高深莫測，只被少數人所理解；而後者卻通俗易懂，被大多數人所掌握，並給人以生活的智慧和信心。尼赫魯講，他自己對一些高深莫測的形而上學理論並不感興趣，有的時候甚至感到厭惡。如他所說：

> 我並不曾被形而上學吸引過；事實上，我對含混的思索懷著某種厭惡。可是我有時在試著了解古代或現代形而上學和哲學思想的嚴謹體系的時候，我感到某種理智上的沉醉。但是，我從來未曾感到心安理得，並以一種慰藉的心情從它們的魔力中逃脫出來。❹

實際上，尼赫魯最感興趣的不是那些理論深奧、嚴謹的哲學體系，而是那些與民眾息息相關的，能夠指導民眾生活和行動的大眾化哲學。因為尼赫魯是一位政治家、國務活動家，所以他所關心的是社會的現實問題——如何改善人民的物質生活，提高民眾的道德

---

❸　同上書，第225頁。

❹　同上書，第18頁。

和文化水準，如何調整國內各個社會集團之間的關係，解決國際事務中的各種矛盾和衝突等等。為認識複雜的人生現象以及人與社會的關係，為解決社會現實問題而找到理論依據，尼赫魯則對大眾的人生哲學倍加感興趣，對此花費了很大的精力。在這方面，他有明確的表述：

> 我所關心的根本是現世和今生，並非什麼別的世界或來生。是否有像靈魂這樣的東西，或是否死後還有生存的東西，我不知道；這些問題雖關重要，絲毫未使我有一點煩心。❺
> 因此，我的整個傾向就是不要將那些似乎力所不及的基本疑問考慮過多，而寧可集中精力於人生的問題，在較嚴密而更直接的意義上來了解什麼是該做的，以及如何去做。❻

　　正因為尼赫魯是一位社會實踐家，他把哲學看作是指導人們言行和社會活動的理論根據，所以他主張：哲學理論必須與現實生活相結合，為人類的社會實踐而服務。在這種思想的指導下，他一直堅持理論思維與社會實踐相結合的原則。在他看來，哲學的理論必須不斷地發展變化，以適應時代和社會生活的需要。倘若一種哲學被過去的教條弄得僵化了，它就不能發展，不能適應人們不斷變化的生活需要，亦不能解決現實的問題。尼赫魯經常批評那些理論與實際相脫節的人，他認為無論過去或現在都有一些哲學家，他們「專心致志於尋求宇宙之謎的解答」，這使得他們「避開了當前的個人和社會的問題」，當他們不能解決那個謎的時候，他們「就感到失

---

❺　同上書，第18頁。
❻　同上書，第21頁。

望而陷入消沉無為和淺薄庸俗，再不然就到武斷的教條裡去尋求安慰。」❼ 如何才能保證理論和實際相結合呢？尼赫魯的回答是：

> 我們必須常常堅持精確的客觀知識，通過理性的試驗，尤其是要通過實驗和實踐；同時我們必須常常警惕，不要陷在空洞理論的汪洋大海中，那些理論是和日常生活問題及男男女女的需求無關的。一個現代的哲學，必須解答今天的問題。❽

尼赫魯哲學思想的出發點，就是要解決人生問題和社會的現實問題。按照他的話說：

> 在我看來，真正的問題依然是個人生活與社會生活的問題，如何過和諧的生活，如何保持個人精神生活與物質生活的均衡，如何調和個人間和團體間的關係，如何繼續不斷地改善和提高個人和社會的生活，如何使社會發展，如何使人類毫不停留地勇往直前。❾

尼赫魯作為一個政治家，他一生都在探索著一條如何保持社會和諧統一、如何促進人類完善發展的道路。為了尋求這樣一條道路，他鑽研哲學、求助於哲學，試圖從哲學研究中找到解決這個問題的理論根據和思維方法。這也正是尼赫魯關心哲學、探討哲學的最終目的。

---

❼　同上書，第21頁。

❽　同上書，第23頁。

❾　同上書，第22–23頁。

二、人生的哲學

三十年代末，美國一家出版社曾邀請尼赫魯寫一篇有關其人生哲學的文章，當時他欣然答應了。但是後來，他遲疑起來，越思考越覺得這個問題的複雜性，而最終沒有寫成這篇文章。然而，到了四十年代，尼赫魯在撰寫《印度的發現》的時候，他專門列出一節，設標題為「人生之哲學」，來闡述他對人生和各種人生學說的看法。這表明，他那時對人生哲學已經進行了較為深刻的研究，並有了較為成熟的見解。

尼赫魯考察了人類歷史上出現的許多人生哲學或人生觀點，並對其中一些典型的學說或對他自己有過較大影響的學說，進行了深刻的論述和評價。

對於各種宗教的人生觀，尼赫魯基本上是持否定的態度。在他看來，現在在印度和世界上流行的各主要宗教，無論是印度教、伊斯蘭教，還是佛教、基督教，都有許多「教條的信仰和迷信的儀式」。它們對人生問題的理解方法是「不科學的」，「含有巫術的成分」，是「一種盲從的輕信，對超自然力的信賴」❿。例如，在印度教和佛教的人生哲學中，「業報輪迴」的法則起著關鍵的作用，對廣大教徒有深刻的影響。尼赫魯認為，這種與來世相關的，因果報應理論是沒有科學根據的：第一，人死後是否有靈魂的問題，這完全是一種假設，並沒有得到科學的證明；第二，主宰著生命行動的因果論是否準確，善必有善報，惡必有惡報，這也令人懷疑。對於業報輪迴的理論，他這樣評論道：

❿　同上書，第16頁。

作為一個宗教信仰，我不相信任何這些或其他的理論和假想。
它們不過是對於我們幾乎全不了解的未知領域的理智的探
索。它們並未影響我的生活，不管後來證明出它們正確或錯
誤，對我都沒有多大關係。 ⑪

對於宿命論的人生觀，尼赫魯是堅決反對的。他認為，生命在
於行動，人的生命就是通過人的思想和行動表現出來的。那種教人
只相信命運的安排，而不相信自己行動的人生學說是完全錯誤的，
它只能使人甘心於現狀，甘願忍受屈辱和壓迫。如他所說：「在我
看來，信仰絕對的宿命論似乎不可避免地導致無為，導致生命的死
亡。我對生命的一切看法都是反對這種信仰的。」⑫

談到甘地主義的人生觀，尼赫魯稱它為「一種以倫理學為根據
的人生哲學」。這種人生哲學的核心是非暴力，非暴力包含兩個方
面的意義：一個是消極的方面，一個是積極的方面。從消極的方面
講，非暴力是指「戒殺生」、「不使用暴力」、「不傷害他人感情」等，
這是從消極的或被動的方面而言的；從積極的方面講，非暴力是教
人去「愛」、去「行善」，這才是它積極的、主動的方面。這種學說
是以倫理學為依據的，它相信每個人的人性中都含有神聖的善性因
素，這種善性因素往往由於私欲的遮蔽，而不能顯現出來；一旦這
種內在的善性因素被喚醒，即使是惡人也可以轉化為善人。所謂「非
暴力」，就是要人們通過「愛」的精神力量，通過自我犧牲和忍受
痛苦的行為，去感化他人，啟迪和喚醒他人內在的善性或神性，從
而使人改惡從善、改邪歸正。另外，甘地還強調手段和目的的關係，

⑪　同上書，第18頁。
⑫　同上書，第10頁。

他認為「手段就是一切」，手段高於目的，手段是第一位的。他所說的「手段」就是指非暴力，這意味著他試圖用「非暴力」或「愛」的手段來解決一切社會問題。要實現人類的任何理想或目的，都必須採取非暴力的手段；否則，就是違背非暴力的原則。尼赫魯曾受到這種人生哲學的很大影響，並給它以較高的評價，但是他也懷疑這種學說的科學性，特別是在這個只考慮目的而不擇手段的世界上，他更懷疑非暴力的可行性。在評價甘地的人生哲學時，他說：

> 一種依倫理學觀點的對人生的理解，對我有其強烈的吸引力，但是，要用邏輯的方法來證明其合理，我看還有困難。甘地先生強調用正當手段以達到目的的這種主張很打動了我，而我認為這種強調就是他對我們公共生活的最偉大貢獻之一。這概念並無新奇之處，但是將一個倫理的教義應用於大規模的群眾活動上，的確是新奇的。然而，這樣做是困難重重的，而且也許目的與手段不是真正分得開，而是共同形成的一個有機的整體。在一個幾乎專考慮目的而不擇手段的世界上，強調手段就仿佛是奇特而驚人的了。它在印度究竟成功到什麼地步，我還不能說出。但是它曾在多數人民心中產生了深刻而持久的印象，則是無疑的。❸

馬克思主義的人生哲學也曾對尼赫魯產生過較大的影響，但是他對這種哲學並不十分滿意，覺得它也有許多缺點和不足。對此，他這樣評論說：

---

❸ 同上書，第20頁。

我能夠毫不困難地接受馬克思主義者的很多哲學觀點：它的
一元論與精神和物質的一致性，物質的運動與通過作用和相
互作用、因果關係、正反合而完成的發展和飛躍的不斷變化
的辯證法。可是它還沒有使我完全滿意，也沒有解答我心中
所有的問題⋯⋯❹

尼赫魯雖然接受了馬克思主義一些辯證唯物論的哲學觀點，但是他
也不止一次地指出，馬克思主義主張暴力的手段、強調過度組織化、
壓制個性發展的種種觀點是他所不能接受的。印度獨立後，擔任總
理的尼赫魯經常從民主或人道主義的觀點批評馬克思主義，認為馬
克思主義不符合他的社會理想、道德觀念、民主和人性解放的原則
等等。

從以上尼赫魯對各種人生哲學的評述中可以看出，他對人類歷
史上出現過的主要人生哲學以及影響過他的一些人生哲學都不感到
滿意。那麼，尼赫魯自己的人生哲學是什麼呢？他對生命的本質、
人生的價值、人生的目的、以及人的一生應當如何度過等等問題，
是怎樣看待的呢？

人生哲學的核心是生命的本質問題。生命的本質問題一旦弄清
楚了，其他的問題即可迎刃而解。首先，我們來看看尼赫魯是如何
看待生命的本質的。關於這個問題，他從兩個方面進行了解釋：

第一，生命的本質在於行動，人的生命乃是「思想與行動的相
互循環」。

在尼赫魯看來，思想和行動是人生的基本要素，是生命的表現
形式或存在形式；兩者相互作用，相互轉化，是相輔相成的。思想

---

❹　同上書，第20–21頁。

產生行動，又在行動中得到完善；行動也可以反作用於思想，促進
思想更充分地理解事物。思想與行動的相互轉化、相互循環，便構
成了人的生命；這種循環並不是周而復始的，而是螺旋上升的，因
此思想和行動能夠不斷地提高。尼赫魯從思想與行動關係的角度來
論述生命的本質，應當說，是比較新奇的，也具有一定的辯證法。
對於思想與行動的關係，他說：

> 行動的呼喚長時期以來就常在我心中；並不是行動從思想分
> 離，而寧可說是從思想中溢漾出來並且互為循環……思想導
> 致行動，並在行動裡得到完成；行動又反回到思想中，去造
> 成更充分的理解——於是我就體會到生命的充沛，以及在那
> 生存的剎那中的鮮明活躍的強度了。⑮

　　尼赫魯雖然從思想與行動這兩個方面論述生命，但是實際上他
更強調行動的重要性，因為從本質上說，思想也屬於行動的一種形
式。他認為，行動是生命的本能，要求行動乃是生命本能的表現；
沒有要求行動的熱情，則意味著生命力的消失。他還進一步論述了
任何個人的一種有力的或新的行動都是出自生命的深處，經過長期
的心理準備，甚至包含著其遺傳因素、文化傳統和教育的影響和潛
意識的要求等。如他所說：

> 一切強有力的行動皆發源於生命的深處。所有個人的甚至種
> 族的悠久過去，都為那行動的一瞬間準備了心理背景。種族
> 的記憶，由於遺傳、環境和教養的影響，潛在意識的要求，

---

⑮　同上書，第10-11頁。

從幼年和童年時期開始的思想、夢想和行動，這一切奇妙而
強有力地交織起來，就必然推向一種新的行動……⑯

　　第二，生命的本質在於變化，人生是「過去」、「現在」和「未
來」等因素的組合。

　　尼赫魯還從時間的角度來論述生命的本質，他認為人生不是固
定不變的，而是不斷發展變化著的。在他看來，「過去」、「現在」
和「未來」等時間因素都是生命的表現形式，三者是相互依存、相
互聯繫的。「現在」介於「過去」與「未來」之間，起　個橋樑作
用；「現在」既是「過去」的產物，又是「未來」的起點和源頭。
按照尼赫魯的觀點：一個「現在」的人，必須了解「過去」；了解
了「過去」，就可以更好地認識「現在」；認識好「過去」和「現在」，
就可以更好地展望「未來」，對「未來」充滿信心。他說：

　　　　「現在」是由「過去」逐步導致的，而「未來」則是由「現
　　　在」行動的瞬息中流出來的；這三者是糾結難解，並且相互
　　　關聯的。⑰
　　　　我們之所以是我們，以及我們所有的一切，都是從「過去」
　　　而來的。我們是「過去」的產物，而且我們是沉浸於「過去」
　　　中來生活的。不了解「過去」，不感覺到「過去」是我們心靈
　　　中的一種活的東西，就是不了解「現在」。將它和「現在」結
　　　合起來，並將它擴展到「未來」去……使這一切成為思想和

---

⑯　同上書，第9頁。

⑰　同上書，第12頁。參見《印度的發現》（英文版），牛津大學出版社，
　　1982年，第23頁。

行為震顫悸動著的資料——那就是生命。 **⑱**

以上，是尼赫魯對生命本質的論述。下面，我們來看看他的人生哲學。有關尼赫魯自己的人生哲學，他並沒有做系統的全面的闡述。但是，通過對各種有關資料的考察和研究，不難看出，他的人生哲學有如下幾個特點：

其一，反對迷信和愚昧，主張科學的解釋人生。

尼赫魯自己說：「我起初對人生問題的理解多少是科學性的，帶著十九世紀和二十世紀初期科學的輕易的樂觀主義。我所擁有的安定舒適的生活以及精力和自信，更增加了那樂觀的情緒。」**⑲** 確實如此，他之所以反對各種宗教的人生哲學，就是因為它們對人生問題的理解是不科學的，他認為，許多宗教對人生的解釋含有巫術的成分，缺乏理性分析，充滿著盲目的輕信和對超自然力量的信仰。因此，他主張，對人生問題的解釋必須採取科學的方法。他所謂的「科學方法」，就是通過實踐和試驗的方法，包括客觀的觀察、精確的試驗、親身的體驗和審慎的推理等等。例如，把生命的本質看作是「思想與行動的相互循環」，在他看來，這就是用科學的方法來闡釋人生，因為他是用客觀觀察和親身體驗的方法才得出這樣的結論的。他曾說：「這種行動的要求，這種通過行動來體驗生命的願望，影響了我的全部思想和活動。」**⑳** 他認為，只有用科學的方法觀察和解釋人生，才能克服和消除宗教人生觀給人帶來的各種愚昧、

---

⑱　同上書，第9頁。

⑲　同上書，第16頁。

⑳　同上書，第12頁。參見《印度的發現》（英文版），牛津大學出版社，1982年，第22頁。

偏見、迷信和消極影響，才能正確地、積極地、樂觀地對待人生。

其二，反對悲觀厭世，主張樂觀享受。

尼赫魯反對宗教的人生觀，還因為大多數的宗教人生觀都是悲觀厭世的。它們往往認為，人生就是一堆苦難，人活著就是要忍受各種痛苦；苦海無邊，回頭是岸，只有脫離現實世界，達到彼岸天堂，才能徹底擺脫苦難。尼赫魯批判這種否定生活意義、悲觀失望的人生哲學，反對禁慾主義和苦行僧主義，主張人生是美好的，人們應當樂觀地面對人生，享受生活。如他所說：

> 我不喜歡苦行者對生活的看法，我不喜歡否定生活，或逃避生活的快樂和刺激。我沒有有意識地放棄任何我真正看重的東西，但是看重的觀念也在改變。㉑
>
> 生活中的愛美吸引了我，我希望把生活過得更有意義，不要過庸俗的生活，但是盡量利用生活，使生活過得豐富。我享受生活，不願把生活看作是一個罪惡問題。㉒

其三，反對消極逃避，主張積極奮鬥。

從某種意義上說，這第三點的含義與第二點似乎有些重疊；但是，從更深層的意義上看，尼赫魯不僅反對悲觀厭世，主張樂觀享受，而且主張積極進取，奮發工作，來改變人生，改造社會。因為尼赫魯是印度民族運動的領袖，他不僅為印度的獨立，而且為印度的繁榮和富強奮鬥了整整一生，所以他對人生的態度不同於一般人，不僅是積極上進的，而且是勇敢戰鬥的。他說：別人的「人生好比

㉑　尼赫魯：《自傳》（張寶芳譯），北京，世界知識社，1956年，第232頁。

㉒　同上書，第23頁。

是一條平靜的河流，慢慢地流入大海……但是，我很明白，我的命運和他們不同，注定要在暴風驟雨中度過一生。對我來說，人間根本找不到一個避難所，因為我內心的激動正如外面的狂風暴雨那樣猛烈。假如我偶然發現自己在一個安全的海港裡，不再受到狂風的襲擊，難道我在那裡會心滿意足嗎?」❷❸尼赫魯從青年時代起，就認定自己的一生是戰鬥的一生，是在暴風驟雨中度過的一生。他為國家、為民族不怕犧牲、英勇獻身的精神來自何方呢? 用他自己的話說:「真的，我在肉體和精神方面都具有一定的勇氣，可是產生這種勇氣的背景是自尊心 —— 個人的自尊心、團體的自尊心、民族的自尊心 —— 和不願意被人威逼作任何事情。」❷❹

到了晚年，尼赫魯總結一生之經驗，曾用最精闢的語言，概括出他自己人生哲學的真諦，回答了「什麼是真正的人生目的?」「什麼是真正的人生歡樂?」等等問題。例如，1957年10月8日，他在日本東京大學的一次講演中這樣說:

> 什麼是人生的目的，什麼是人生的歡樂呢? 這是一個很難回答的問題。但是，我可以告訴你們這樣一點: 人生的真正歡樂，乃是你與偉大的目標結合在一起，全心全意地投身於這個目標，忘掉你自己的小我，忘掉你個人渺小的苦痛和悲哀，盡自己最大的努力，為實現這個目標而工作。即使當你耗盡了自己全部精力的時候，你被當作廢物而丟棄，也在所不惜。你畢竟完成了你自己的工作。我從來不抱怨人生的不幸或其他的痛苦，而過一種牢騷滿腹的生活。❷❺

---

❷❸　同上書，第308頁。

❷❹　同上書，第231頁。

在尼赫魯看來，一個人首先應當選定一個正確而偉大的目標並決心
為它而努力工作，然後在這種過程中破除私我，樹立起全心全意、
任勞任怨、不計較個人得失的工作態度，只有這樣，他才能感受到
人生的真正價值，享受到人生的真正歡樂。當然，這是人類最崇高
的一種人生價值和歡樂。

三、哲學與科學、宗教的關係

尼赫魯哲學思想的核心是要解決人生的問題，社會的現實問
題，為人類尋找出一條完善發展的道路。在他看來，社會的根本問
題是如何保持個人和社會團體的和諧發展。具體地說，包括三個方
面：第一，保持個人精神生活與物質生活的協調發展；第二，保持
個人與他所在的社會團體的協調發展；第三，保持各種社會集合體
之間的協調發展。那麼，如何才能保持個人和社會集合體的健康和
諧發展呢？作為一個政治家和國家領導人，尼赫魯一生都在探索和
研究這個問題。經過他一生的尋求和探索，其最後的結論是：要保
持社會的完善發展，光靠哲學的方法則不行，必須使哲學的方法與
科學和宗教的方法結合起來，走一條哲學與科學、宗教相結合的道
路。

要保持社會的完善發展，為什麼光靠哲學的方法不行呢？尼赫
魯認為，哲學雖然在指導人生、探索人與自然及社會的關係中曾起
過重要的作用，但是它也有自己的缺陷。在他看來，哲學，尤其是
印度傳統哲學，只關心人生的終極目的，而不關心人的日常生活和
具體問題；哲學只善於通過一系列複雜的思辯，探討一些玄而又玄

㉕　薩維帕里·高帕爾編：《尼赫魯文選》，第644頁，德里，1980年。

的真理，而不願涉及普遍的、民眾所關心的社會現實問題；哲學常常被關在象牙寶塔尖中，成為少數哲學家的寵物，它脫離廣大群眾，變成人們所不理解的、不切合實際的東西。在討論哲學的缺點時，尼赫魯說：

> 哲學曾經避免了許多這樣的陷阱，並且鼓舞了思維和探討。可是它通常是在它的象牙之塔裡面，與人生和它的日常問題相隔絕，專心致志於那些終極目的，而未能把這些目的與人生結合起來。邏輯和理性是哲學的嚮導，並且在許多方向使哲學有所發展，但是那邏輯是太偏於思想方面而不切合實際了。㉖

如何彌補哲學的缺陷呢？在尼赫魯看來，要彌補哲學的不足，就必須使哲學的方法與科學的方法結合起來。他認為，科學與哲學不同，科學具有的特點往往與哲學相反。如果說哲學只關心人生的終極目的，而忽視日常的實際問題的話，那麼科學則只探索自然界和社會的實際問題，而不考慮什麼人生的終極目的。科學是以一種理性的精神、實驗的方式，研究和探索人們所面臨的每一個具體的問題，凡是經過理智的思考和實驗證明了的東西，才相信其是真理；否則的話，就應當將其拋棄。由於科學具有這種注重實際的客觀探索精神，所以它推動了世界文明的發展，也大大地提高了人類改造和征服自然的能力。當然，科學也不是沒有缺點的，因此，科學的方法應當與哲學的方法結合起來，兩者才能發揮更大的作用。他說：

㉖　尼赫魯：《印度的發現》，第678頁。

科學的進展是沒有止境的，如果給予它以進展機會的話。然而，科學的觀察方法也許不是經常可以適用於所有多種多樣的人類經驗，並且也不能越過我們四周的那未經勘察過的海洋。靠了哲學的幫助，科學的成就或許會更大一些，並且甚至敢於冒險到驚濤駭浪中去。❷

尼赫魯認為，即使哲學與科學結合起來，也不是世上的什麼問題都能解決，因為哲學和科學都是依靠人們的理智能力去考察問題，世界上確實有許多問題超越人的理性，是理智所達不到的。因此，他說：「當科學和哲學兩者都無法解決的時候，我們只得依靠那些我們可能擁有的其他領悟能力。」❷那麼，這裡所說的「我們可能擁有的其他領悟能力」是指什麼呢？實際上，他指的是宗教方法所經常依賴的人的那種直覺能力，即人的那種超越感性和理性知識的直覺頓悟能力。換言之，在他看來，要解決世上的各種問題，不僅需要哲學和科學的方法，而且需要宗教的方法。

尼赫魯對宗教的態度是相當複雜的，在這裡我們不妨多說幾句。總的說來，尼赫魯對待宗教、尤其是印度傳統宗教，是持批判態度的。他雖然承認，「宗教在人類的發展上曾有過重大的貢獻。它們樹立了一些價值和標準，並且提出了一些指導人類生活的原則。」❷但是，他基本上是把宗教視為一種阻礙社會發展的保守勢力。他認為，宗教有如下幾個主要缺點：⑴宗教總是把真理束縛於某種固定的形式和教條中，阻止了人們好奇心和思維能力，阻礙了人們

---

❷　同上書，第679頁。

❷　同上書，第679頁。

❷　同上書，第678頁。

對未知世界的探索。(2)它鼓勵各種繁瑣的教儀和禮節，使人們沉迷於這些固定不變的儀禮之中，限制人們的自由行動。(3)它教人們服從造化、服從信仰、服從現存的一切社會秩序，從而阻止人們改變現實社會的各種努力。(4)許多官方的宗教組織，都發展成為追求自私利益的組織，它們不可避免地變成了阻礙社會進步和社會改革的障礙。在評論印度的各種宗教時，他說：

> 印度是一個信奉宗教的國家，印度教徒、穆斯林、錫克教徒以及其他信奉宗教的人各自誇耀他們的宗教，為了維護自己宗教的真理，有時不惜打得頭破血流。印度以及其他地方的宗教——或者至少是有組織的宗教——所表現的這種現象，引起我極大的厭惡，我常常加以譴責，而且想把它一掃而空。宗教似乎經常倡導盲從和反動，主張教條和頑固、維護迷信、剝削和既得利益。**❸⓿**

應當指出：雖然尼赫魯曾經嚴厲地批判過宗教，但是他並不是一個無神論者。他一方面反對那些鼓吹盲目信仰的各種形式主義的宗教，而另一方面又認為，人類確有保持某種精神信仰的必要性。在他看來，偶像神靈的崇拜是荒謬的，但是他並不否定對某種超自然的、抽象的精神存在的信仰和追求。他曾說：「我雖然與任何教義或宗教都無聯繫，但是我相信一種代表人類本質的固有的精神性，不管它叫不叫宗教。」**❸❶**實際上，他所謂的「精神性」，就是指古代印度教哲學流派——吠檀多論所宣揚的人內在的「自我」或「靈魂」。

---

❸⓿　尼赫魯：《自傳》，第425頁。

❸❶　尼赫魯：《崇敬》，第119頁，德里，1964年。

他繼承了吠檀多哲學的「梵我同一」學說，認為人內在的「精神」，即「自我」，就是「宇宙精神」——「梵」在人世間的顯現。這種內在的「精神」是人的真、善、美本性的代表，它與「宇宙精神」在本質上是同一的。一個人只要證悟到這種內在的精神性，並且以「梵我同一」的真理看待萬物，那麼他就能與周圍的人相和諧，他的生活也能與社會的生活相協調。後來，他在解釋這種「精神性」時曾說：

> 我不想成為一個宗教信徒，但是我相信某種東西——不管你願意稱它為宗教或者其他什麼——這種東西可以使人超越自己一般的水平，並且能使人格具有新型的精神品格和道德標準。㉜

　　既然這種「精神性」可以使人超越自己的水平，並給予人格以新的精神品格和道德標準，一旦證悟到這種精神，則可以使一個人的生活與社會生活相和諧，那麼，到底用什麼方法才能認識或證悟到這種精神呢？按照尼赫魯的觀點，這需要採取一種與科學方法完全不同的方式，即宗教的方式。他認為，人內在的這種「精神」，即「自我」，是生來俱有的天性，它們是「宇宙精神」——「梵」在人體中的顯現，它們在本質上與「梵」是同一的。因為每一個人都具有這樣的天性，所以人與人之間的本性也是相同的。因此，一個人只要證悟到自己的「自我」，那麼他也能領悟到別人的「自我」，並且認識到人與人在本性上是相同的，從而力求使自己的生活與其他人的生活達到和諧和統一。然而，由於人的「自我」是「宇宙精神」

㉜ R. K. 卡蘭吉亞：《尼赫魯先生的思想》，第33頁，倫敦，1960年。

的顯現，因此它超出了人的理智所能理解的範圍。要想證悟到它，
則不能依靠人的理智，而必須依靠人的直覺能力，即印度古代宗教
所推崇的那種直覺頓悟方法。尼赫魯說：與科學的方法相比，「宗
教的方法就迥然不同了。它既然主要地是只與那些超越客觀探索方
法以外的領域有關，它有賴於感情和直覺。」❸這種依靠直覺去證悟
人內在「精神」的方法，被尼赫魯稱之為「宗教的方法」。在他看
來，這種方法對於提高人們的道德和精神水平，對於調整人的物質
生活與精神生活的統一，對於整個社會的和諧發展，都是不可缺少
的。尤其是在物欲橫流、道德敗壞、生存競爭激烈的現代社會中，
這種追求精神完善的方法就更為重要了。他強調說：

> 某種對於自然界以外的精神上事物的信仰，某種對道德、精
> 神和理想主義概念的信仰，也似乎是必要的；要不然的話，
> 我們在人生中就沒有歸宿，沒有目標或意義了。❹

在尼赫魯看來，要使人的「心靈與肉體有創造性地融和一致」，
要使人們的物質追求與精神追求相平衡，要使個人的生活和社會生
活相協調，就必須創造出一種綜合的方法，即把哲學的理性思維方
法與科學的客觀探索方法、宗教的精神證悟方法結合在一起。只有
這種綜合的方法，才能導致社會的和諧統一，促進人類的進步。尼
赫魯把用這種綜合方法對待萬事萬物的人生態度，稱之為「整體人
生觀」。如他所說：「因此，我們面臨人生，就必須使科學的精神和
手段與哲學相結合，並且還要以虔誠的心情來對待一切不可企及的

---

❸　尼赫魯：《印度的發現》，第681頁。

❹　同上書，第681頁。

東西。這樣，我們才能擴展一種在它的廣闊範圍內包羅上下古今的整體人生觀，而以寧靜沉著的態度瞻望未來。」　㉟ 哲學與科學的結合，這是容易理解的；而科學與宗教的結合，往往令人費解，因為一般人都認為這兩者是對立的。但是，尼赫魯到了晚年，則更加傾向於科學與宗教相結合的觀點。1959年，他在與記者 R. K. 卡蘭吉亞的談話中曾明確指出：

> 正如你所知道的，四種大的宗教過去都影響過印度，並且現在繼續影響著我們，但我們卻在技術和工業化的領域中大大地發展了，並沒有發生任何在科學與宗教之間的明顯衝突。把科學與宗教結合起來，這可能一直是印度的最高專利權。㊱

四、綜合的哲學

從三十幾歲起，尼赫魯就擔任國大黨的領袖，領導印度民族解放運動；獨立之後，又一直擔任政府總理，親自處理各種國務活動和外交事務。在他的一生中，他的絕大部分時間和精力都花費在各種社會實踐活動中，而很少有時間進行哲學理論的總結和概括。那麼，尼赫魯的社會實踐哲學是什麼呢？換句話說，指導他的各種社會實踐活動的基本原則是什麼呢？

到了晚年，尼赫魯曾對自己的實踐哲學做了簡要的總結。1959

㉟　同上書，第682頁。

㊱　R. K. 卡蘭吉亞：《尼赫魯先生的思想》，第34頁。

年，他在會見記者 R. K. 卡蘭吉亞時明確指出：他的實踐哲學可以稱之為「綜合的哲學」(philosophy of synthesis)。卡蘭吉亞提問：「您所說的一切有關我們的遺產及其發展問題，提出了要用一種全面的『綜合哲學』來取代那種『對抗的原則』。我這樣理解，對嗎？」他回答說：「對，就是一種綜合哲學。」 ❸

　　什麼是尼赫魯所謂的「綜合哲學」呢？對此，他並沒有做什麼系統、詳細的論述。但是，我們從他的談話中可以分析出，「綜合的哲學」包含著兩層涵義：其一，從本質上看，「綜合的哲學」是力求在兩種對立或衝突的因素中，建立起某種橋樑或聯繫的紐帶，使它們的關係協調起來，能夠共存於一個統一體中。其二，從方法論上看，「綜合的哲學」竭力避免暴力的手段，力求用和平、合作、非暴力的方式來解決一切社會矛盾。在解釋這一點時，他說：

> 在不否認或拒絕階級矛盾的同時，我們想用一種和平的、合作的方式解決社會問題，以緩和逐漸增長的社會衝突，力爭說服人們不要用打倒或消滅的方法相威脅。甘地可能還不知道，我和你所理解的這個階級鬥爭的方面。但是，他的解決方法對於我們的時代，特別是我們的國家越來越合適。 ❸

　　尼赫魯所謂的「綜合哲學」，實質上，就是一種調和的哲學、共存的哲學。這種哲學力圖把社會上各種對立的、矛盾的事物調和在一起，找出它們的某些共同的東西，求同存異，使它們共存於同一體之中。在處理社會的各種矛盾和鬥爭中，尼赫魯實際上是把馬

---

❸　同上書，第76頁。

❸　同上書，第76–77頁。

克思的階級學說與甘地的非暴力學說結合起來，以構成他自己的「綜合哲學」。　首先，他接受了馬克思的階級學說，承認現代社會上存在著階級和階級矛盾，但是他又不主張用暴力的、流血的階級鬥爭方式來解決現代社會上的階級矛盾。他認為馬克思的階級鬥爭理論已經過時了，因為在馬克思所處的時代中，「還沒有民主、公民權和工人階級運動，除了鬥爭以外根本沒有其他的手段來解決不平等，使社會平等化」❸❾。但是，在現代社會中，情況則不同了。特別是在印度獨立之後，印度制定了新憲法，人民有了民主和平等的權利，所以他更加傾向於甘地的非暴力學說，主張用和平、合作、非暴力的方式來解決一切社會矛盾。如他所說：

> 因此，一切問題都可以用甘地的方法來解決。❹❶
>
> 現在，社會上還存在著各種階級。這些階級顯然處在衝突之中，他們的利益是相互衝突的，因而產生鬥爭。這種鬥爭不能被否定。但是，關鍵的問題是：為了結束階級鬥爭，你是通過衝突和暴力來強化它，解決它，還是消除它。首先，我的基本態度是盡可能地解決衝突，而不使用暴力。這就叫不否認階級鬥爭，但是又要用除衝突和暴力之外的其他手段來消除階級鬥爭。❹❶

應當指出，尼赫魯對甘地非暴力學說的認識，是有一個發展過程的。早在二十世紀三十年代，年輕的尼赫魯作為一位具有激進思

---

❸❾　同上書，第76頁。

❹❶　同上書，第79頁。

❹❶　同上書，第78頁。

想的民族主義者，是不完全贊同甘地的非暴力原則的。在這個問題上，他與甘地的分歧在於：⑴甘地認為，非暴力是改變印度現狀、實現印度獨立的唯一正確的方法，其他的方法則不行；而尼赫魯認為，非暴力並不是實現印度獨立的唯一方法，除此之外還可以使用其他的方法。⑵甘地認為，非暴力是可以普遍應用的，用來解決一切社會問題；而尼赫魯認為，非暴力並不是可以普遍應用的，百分之百保險的方法。⑶甘地認為，非暴力的應用是無條件的，甚至在對方使用暴力手段的時候也可以應用；而尼赫魯認為，非暴力的應用是有條件的，只有在一種對自己有利的環境或條件下才能應用。1934年，尼赫魯在《自傳》中寫道他與甘地的分歧：

> 從這裡我們可以引導出這樣的結論：非暴力方法並不是在一切場合都適用的方法，並不是可以普遍應用，百分之百保險的方法。這種結論是甘地所不能容忍的，因為他堅決相信非暴力方法是放之四海而皆準，百無一失的方法。因此，他認為就是在外面情況不利的時候，甚至在發生衝突和暴力的時候，也應當採取非暴力方法。❷

由此可見，在三十年代尼赫魯對甘地的非暴力原則是持某種批評態度的。但是，在印度獨立之後，尤其是在五、六十年代，他則越來越傾向於甘地的非暴力方法。究其原因：一則是他的地位發生了變化，他已經由一個為民族獨立而奮鬥的革命者轉變為一個大國的政府首腦和領袖。二則是國際和國內形勢發生了變化，特別是原子彈的出現，使他對戰爭和階級鬥爭的觀念發生了根本的轉變。他曾說：

❷ 尼赫魯：《自傳》，第237頁。

現在，當原子能為人類進步展現巨大希望的時候，原子彈也以其一次、兩次或三次的爆炸威脅著人類的文明。這種毀滅性武器的出現使戰爭或衝突——無論是階級鬥爭的形式，還是資本主義與社會主義對抗的形式——都會成為災難，以至於根本不能想像用暴力的形式來解決社會問題。因此，從任何觀點看，在這個不僅國家，甚至集團或個人都可能掌握巨大毀滅性武器的時代裡，階級鬥爭或戰爭的觀念已經過時了，太危險了。所以，我們必須贊同並遵循甘地的這種綜合、合作、共存、逐步平等的解決方法。❹

尼赫魯的這種「綜合哲學」，即用和平、合作、非暴力的解決矛盾的方法，在他擔任印度總理期間得到廣泛的應用。他在制定各種方針政策、處理國內和國際事務時，一般都遵循這種哲學原則。譬如，印度獨立後，尼赫魯所領導的政府在實行土地改革中，就奉行了這種和平的非暴力原則。在廢除柴明達地主所有制的過程中，印度政府並不是強行沒收柴明達地主的土地，將它們無償地分給農民，而是以補償金的辦法接管柴明達地主的荒地、森林和耕地的一部分，然後有代價地分給耕種者。到五十年代中期，印度全國大約有38%的土地取消了柴明達制度，但是政府付給柴明達地主的賠償費高達62.2億盧比，其代價相當於被徵收土地每年地租收入的十至二十五倍。後來，尼赫魯在評述印度的土地改革時說：

　　我認為，我們有效地運用這種方法（指非暴力的方法——譯者），無論在對待王公方面，還是在對待地主方面，在某種程

---

❹ R. K. 卡蘭吉亞：《尼赫魯先生的思想》，第77頁。

度上都是成功的。我不能設想，我們轉變了所有的王公，但是他們必定下降了某些條件並且感到某種壓力，這種來自人民、來自政府的壓力不斷上升，以至於與他們打交道相對容易了。從某種意義上說，我們消除了柴明達制度，即大地主所有制。我們給了他們補償金，但不是他們習慣的那種標準的補償金。他們不願意這樣做，因此有衝突，但是這種衝突沒有通過任何大的鬥爭就解決了。❹

在經濟建設中，尼赫魯一直實行「混合經濟」的政策，即允許公營經濟與私營經濟同時發展的政策。印度政府依靠直接投資建設了鋼鐵、煤炭、石油、飛機製造、造船、原子能等新企業，並且利用政策和法令限制國內外私人資本進入這些領域，從而創立了在國民經濟中占主導地位的公營經濟。但是，在發展公營經濟的同時，政府又通過補貼、信貸、減免稅收等措施，大力扶持私營企業在某些領域的發展。不難看出，這種「混合經濟」的政策也體現著尼赫魯「綜合哲學」的原則。從本質上說，公營經濟和私營經濟兩者是對立的、相互矛盾的因素。而尼赫魯卻主張，公私營兩種經濟部門共同存在於一個社會中，對於它們之間出現的矛盾和衝突，力求通過和平、合作的方式加以解決。

尼赫魯在對外政策中所倡導的「和平共處五項原則」，最明顯、最典型地反映出這種「綜合哲學」的精神。1954年6月，他與周恩來在「中印兩國總理聯合聲明」中，正式宣布將「互相尊重領土主權、互不侵犯、互不干涉內政、平等互利、和平共處」的五項原則，作為指導兩國關係的基本原則。這「五項原則」表明：國家不分大

---

❹　同上書，第78–79頁。

小、強弱，一律平等；國與國之間的矛盾，不能通過戰爭或暴力的方式來解決，只能用和平、合作的方式來解決；在不同社會制度和生活方式的國家之間，應當互相尊重、互相理解、求同存異、和睦相處。這「五項原則」一問世，就被許多國家所接受，在國際社會中得到廣泛的支持和歡迎，今天它已經成為防止世界戰爭、維護世界和平的一個新的國際關係準則。

五、真理的問題

在論述尼赫魯哲學觀的時候，不能不談到他對真理問題的看法。雖然他對真理問題並沒有系統的闡述，但是他在許多著述中都談及這個問題，並且提出了自己的一些獨特的觀點。他對真理的這些觀點，應當說，也是其哲學思想的重要組成部分。

歸納起來，尼赫魯對真理問題的觀點，有如下幾點：

㈠承認有一種永恆的真理

由於受印度古代吠檀多哲學的影響，尼赫魯承認宇宙中有一種永恆不變的真理。雖然他對古代印度許多神秘的形而上學體系感到厭倦，但是對《奧義書》和由此而派生出來的吠檀多哲學卻頗感興趣。他認為，「《奧義書》的顯著特點就是依靠真理」，「《奧義書》之中充滿著探討的精神，心智的探索和要尋求一切事物真理的熱情」❹。《奧義書》和吠檀多哲學最基本的思想，就是宣揚一種永恆不變的真理，即「梵我同一」的學說。這個學說認為，宇宙的最高本體——「梵」和人的精神本質——「自我」或「靈魂」在性質上

❹ 尼赫魯：《印度的發現》，第101-102頁。

是同一不二的，兩者同根、同源、同性、同質。一個人只要證悟到
自身的「自我」，就可以領悟到整個宇宙的本質——「梵」，從而達
到「梵我同一」，即「人神合一」的境界。這種境界，對印度教徒
來說，也是精神解脫的最高境界。吠檀多哲學一直是印度教社會占
主導地位的意識形態，在這種哲學的影響和熏陶下，尼赫魯也接受
了「梵我同一」的真理。他認為，認識這種有關終極實在的真理，
對人的精神生活和道德修養的提高是必不可少的，但這種真理又往
往是人的理智所不能充分理解的。如他所說：

> 如果有關終極實在的那種真理存在的話，那麼它肯定是永恆、
> 不朽、不變的。但是，那無限、永恆而不變的真理是不可能
> 為人類有限的智力所充分理解的，充其量也不過只能掌握住
> 它的某些渺小的方面而已，而這些方面又為時間和空間與智
> 力發展的情況以及當時流行的思想所制約。❻

㈡真理是發展的，不是靜止的

在承認有關終極實在的真理的同時，尼赫魯認為在人類生活中
還有許多現實的真理。這些真理不是靜止的、不變的，而是發展的、
變化的；它們隨著時間和空間的改變，根據人們的社會需要，而不
斷地發展著。假如一個真理被它的某些教條弄得僵化了，那麼它就
會失去生命力，甚至成為人類進步的障礙。在論述這個問題時，他
說：

---

❻ 尼赫魯：《印度的發現》（英文版），第510頁，新德里，1988年版。參
見《印度的發現》（中文譯本），第677頁。

如果真理的某一方面被過去年代的教條弄得僵化了，它就不復成長發展，也不能夠使自己適應人類的那些在變化中的需要；真理的其他各方面仍舊被隱蔽著，並且也不能夠解答後代的那些迫切問題了。它不復是生動有力的而是靜止的了，它不復是賦予生命的推動力而是無生氣的思想和儀式，並且成為人類和智力發展上的障礙了。❹

㈢真理與真理之間是相互關聯、相互制約的

　　尼赫魯認為，現實生活中有許多真理，這些真理都不是孤立存在的，而是相互聯繫、相互制約的。真理與真理之間構成一個統一的整體，相互不可分離。假如某一種真理脫離了其他的真理，即使它再正確，它也會變成毫無生命力的教條或形式。為了說明真理的這種特性，尼赫魯引用了印度現代著名哲學家奧羅賓多・高士的一句話。他說：

　　正如奧羅賓多・高士所指出：每一種真理，無論它本身是怎樣的正確，若離開那限制它而又使它完整的其他各種真理，這真理就會成為束縛智力的陷阱和引入歧途的教條了。因為在現實上每種真理都是複雜織品中的一根線，而沒有一根線是能夠從這織品中抽出來的。❹

---

❹　尼赫魯：《印度的發現》，第677頁。

❹　同上書，第677–678頁。

㈣活的真理必須適應現實需要，指導現實生活

尼赫魯是一位社會實踐家、務實的思想家，因此他的一切思想和觀點都是從現實社會的實際需要出發的。對待真理，也不例外。他認為，人類追求真理、探索真理的目的，就是要滿足現實生活的需要，解決現實社會的各種問題。一種真理，如果它能夠適應現實社會的需要，促進人類的進步，指導人們向光明美好的未來前進，那麼它才是活的真理、有用的真理；否則的話，它就是僵死的真理、過時的真理。因此，他說：

> 我們應當始終如一地去追求真理，使它煥然一新，賦予它以新的形態並去發揚它，使它與人類思想成長和人類生活發展取得一致。只有那時，它才能成為人類活生生的真理，供給人類所渴想的實質上的需要，並且指導著現在和未來。❹

綜上所述，我們不難看出，尼赫魯的真理觀不僅具有印度傳統哲學的印記，而且受到馬克思主義辯證唯物論思想的深刻影響。在他看來，世界上的各種真理都不是孤立存在的，而是相互關聯的；不是靜止不變的，而是發展變化的；不是脫離現實生活的，而是適應社會發展趨勢，為人類的現實需求服務的。尼赫魯一生追求真理、探索真理，其目的就是要解決社會的現實問題，渴望為印度人民，乃至於全人類尋找到一條通往和平、民主、幸福、繁榮的新道路。

---

❹　同上書，第677頁。

第四章　科學觀

　　尼赫魯自幼喜歡科學。十一歲時，他在英籍家庭教師的指導下學習各種自然科學知識，並且給自己布置了一個小小的實驗室，常常在這裡津津有味地做各種有趣的物理和化學實驗。在英國留學期間，他的眼界開闊了，接觸到更多的自然科學和社會科學知識。在劍橋大學學習的三年，他選擇了化學、地質學和植物學這三門自然學科作為主課，經常出入於實驗室和教室之間，最終以優秀的成績通過畢業考試，獲得學士學位。雖然尼赫魯後來走上政治的道路，成為了一位職業政治家，但是其青少年時代的這種經歷，不僅使他對科學發生了濃厚的興趣，而且對他的世界觀、人生觀及思維方式的形成都產生了深刻的影響。

　　1937年12月，尼赫魯在加爾各答舉行的印度科學大會上感慨萬分地說：

　　　　雖然長期以來我是被繫在印度政治戰車上的一匹馬，幾乎沒
　　　有閒暇去考慮別的問題，但是我的腦海中卻經常回憶起學生
　　　時代我在劍橋大學出入於科學實驗室的日子。儘管周圍的環
　　　境已使我與科學斷絕了關係，但是我的思想仍常常以渴望的
　　　心情尋覓著它。最近一些年來，通過各種曲折的過程，我重

新接觸科學，此時我才體會到，科學不僅是一種令人愉快的消遣和玄想狀態，而且是生活的基本結構，沒有它現代世界就不會存在。政治驅使我去思考經濟的問題，這種情況又不能不使我去思考科學以及看待一切問題和生活本身的科學態度。只有科學，才能解決饑餓和貧窮的問題、疾病和不衛生的問題、迷信及僵化的傳統和習俗的問題、資源的巨大浪費問題、資源富饒的國家中居住著貧窮的人民的問題等等。❶

尼赫魯是從一個政治家的角度思考和關心科學的，與一般科學家的目光不同，因此他對科學的看法和觀點有許多獨具特色的地方。他不僅認為科學的本身將給人類帶來巨大的財富，而且力圖把科學的精神和方法應用到政治、經濟和社會生活中去，解決他所面臨的一切社會問題。他不僅用科學的精神和方法武裝自己的頭腦，力求以科學的精神和方法去觀察和解決各種問題，而且還想用科學的精神和方法去教育和充實每一個印度人，力爭使印度社會盡早地從落後和愚昧的狀態中解脫出來。尼赫魯有許多關於科學和科學方法的論述，但這些論述大都散見於他的各種文章、講演和著作中。本章的目的就在於，將他有關科學的主要論述和見解集中地概括起來，並揭示他的一些獨具特色的觀點及其社會影響。

一、科學的價值

尼赫魯對科學技術在人類歷史中的作用和價值給予高度的評價。1938年，他在阿拉哈巴德印度國立科學院的一次講演中宣布：

---

❶ 薩維帕里·高帕爾編：《尼赫魯文選》，第442頁，德里，1980年。

「我崇拜科學的殿堂，我認為我是一個科學的信徒。」❷確實如此，無論是在印度民族解放運動時期還是在印度獨立之後，他都十分關注現代科學技術的發展和變化，了解各種自然科學的最新發展狀態。在他的著作中經常提到一些新興學科的理論問題。如愛因斯坦的相對論、馬克思・普蘭斯克的量子理論等等。他認為，科學技術創造了現代文明，它們是人類進步和社會發展的重要推動力量，沒有科學技術的發展，就不會有今天的現代世界。他說：

> 在今天誰能夠無視科學呢？在每一個轉折的關頭，我們都必須尋求科學的援助。今天世界的整個結構都是科學的產物。在上萬年的人類文明中，科學只是在一個半世紀之前才以其巨大的力量出現在人世間，但是在這一百五十年中，科學已證明自己比以前發生的任何事情都更具有革命性和爆炸性。我們這些生活在科學時代的人，生存的環境和條件已經與前科學時代完全不同了。❸

他在給女兒的一封信中還說：

> 我們現代的世界與古代和中世紀的世界有很大的不同，這巨大的差別主要是由科學造成的，要知道現代世界是科學創造的。❹

---

❷　同上書，第443頁。

❸　同上書，第443頁。

❹　A. H. 瓦法和 A. D. 里特曼：《賈瓦哈拉爾・尼赫魯的哲學觀點》，第17頁，莫斯科，1987年。

尼赫魯認為，科學的最大價值在於，它不僅改造了世界，而且改造了人，改造了人的思想。用科學和科學思想武裝起來的現代人類，具有強大的征服和控制自然的力量，敢於向大自然發起挑戰，在大自然面前表現出極強的自信心。在古代和中世紀，人只是大自然巨大力量的玩物，在這廣漠的宇宙中他比一粒微塵還要渺小。自從掌握了科學技術以後，人認識自然、控制自然的能力不斷增強，他已經敢於對大自然的威力進行挑戰，敢於向大自然發起進攻，並且使許多自然現象服從人的目的，為人類的利益服務。尼赫魯斷言：

> 我確信，科學的方法和手段已使人類生活發生的革命性的變化，比歷史長期過程中任何其他時代為多，並且為更進一步的和更徹底的變化，以及更根本的改變打開了門徑，而逐漸引向長期被認為不可知的那個大門。❺
>
> 科學使世界向前飛躍，建立了一個光輝燦爛的文明，開闢了無數增進知識的大道，並把人類的能力增大到如此程度，使得人類始能想像到他是能夠戰勝和改造他的自然環境的。人類差不多變成一種物質力量，用化學、物理和其他的許多方式來改變這地球行星的面貌。❻

在尼赫魯看來，科學的進步極大地擴展了人的知識，使人類的整個思想發生了巨大的變化。在古代，許多知識領域都被宗教所獨占著，宗教以它的絕對權威統治著人們的思想，竭力宣傳和推行它的教義教規、信仰和道德，不允許人們超越雷池一步。為了理想，

---

❺ 尼赫魯：《印度的發現》，第23頁，北京，世界知識社，1956年。

❻ 同上書，第678-679頁。

為了真理，人類不知犧牲了多少寶貴的生命，付出了多麼艱辛的努力和代價。終於，人類在掌握了科學的武器之後，開始從各條戰線向宗教和形而上學發起進攻，使許多知識領域從宗教的庇護下解放出來。有的時候，就連宗教本身也不得不乞求科學的援助，以期保住自己僅存的不大的地盤。他在《印度的發現》中曾舉例子說：

> 有關對宇宙的看法以及人與自然的關係等等問題，過去一直被宗教和形而上學所壟斷著，現在科學已經日益地占領了這個領域。「空—時」理論與量子論完全改變了物質世界的面貌。最近對物質的特性、原子的構造、元素的轉換以及電和光的相互轉化的研究，已將人類的知識更大大地推進了一大步。人們不再把大自然看作是與自己毫不相干了，人類的命運看起來已成了大自然有節奏的「能」中的一部分了。

尼赫魯強調指出，在科學使世界所產生的各種變化中，最大的變化乃是人們開始掌握了一種科學的精神和方法。這種科學的精神和方法，才是觀察世界、認識世界和改造世界的致勝法寶。但是，這種法寶在今天還只是被少數人所掌握，大多數人尚不懂得這個法寶，即使懂得了，也沒有真正應用到自己的言行之中。運用科學方法的人和反對科學方法的人往往會發生衝突。今天的世界充滿著各種矛盾和衝突，最基本的衝突就是科學方法和反科學方法之間的衝突。如他所說：

> 科學使世界發生了巨大的變化……科學所導致的最富生命力的和最有益的變化，就是科學觀點在人們心中的發展。即使

在今天大多數人確實在心理上仍然生活在前科學的時代，當
我們滔滔不絕地談論科學的時候，我們的大多數人卻在自己
的思想和行動中背叛了科學。甚至一些在特殊專業有造詣的
科學家，也經常忘掉把科學的方法應用於他們所研究的領域
之外。但是，只有科學的方法，才能幫助人類，才能消除世
界上的痛苦。今天的世界被各種激烈的衝突折磨著，這些衝
突經過分析可能被叫做許多名字。然而，最基本的衝突就是
科學方法和反科學方法之間的衝突。❼

二、科學的二重性

儘管尼赫魯高度評價科學在人類歷史和社會發展中的地位和
作用，但是他並沒有把科學看作是十全十美的。他是以辯證的方法
看待科學的，他認為科學具有二重性，既具有好的一面，也有其缺
欠和不足。有的時候，尤其是討論哲學和科學的關係或者討論一些
人生問題的時候，尼赫魯常常提到科學的不足，感到有些問題光靠
科學是解決不了的。另外，他也覺得科學既可以用於善良的目的，
也可以用於邪惡的目的。因此，在他看來，科學是一把雙刃劍，有
其二重性。他曾從不同的方面，論述了科學的不足和缺欠：

從科學研究的領域來看，尼赫魯繼承了印度傳統哲學的觀點，
認為科學只探討外部的客觀存在的物質世界，而不涉及人主觀的內
在的精神世界，更不涉及印度哲學所謂的「最終實體」和「終極目
的」等，因此科學不能解決人的情感問題以及生活的最終目的問題。

---

❼　薩維帕里・高帕爾編：《尼赫魯文選》，第443頁。

自公元八世紀以來，商羯羅所創立的吠檀多不二論一直是印度社會
占主導地位的意識形態，其地位和作用很類似於中國的儒家學說。
吠檀多不二論的主要思想是「梵我同一」學說。這個學說主張：宇
宙的最高本體是一種不可言表的純精神實體，稱之為「梵」，它是
宇宙的基礎，萬物的本源。人的精神本質或靈魂，稱之為「我」或
「自我」，它代表著人的本性。「我」是「梵」在人世間的顯現，兩
者同根、同源、同性，是絕對同一不二的。人只有通過直覺的方式
才能證悟「梵我同一」的真理，一旦證悟到「梵我同一」，就能使
自己的精神與宇宙的精神融為一體，達到無限福樂的境界。印度近
現代哲學家大都繼承了吠檀多不二論的基本思想，如辨喜（亦稱維
韋卡南達）、奧羅賓多、泰戈爾和拉達克里希南等，他們都認為吠
檀多的「最終實體」和「終極目的」只能通過瑜伽直覺的方式來體
悟、來冥思，而不能靠感性經驗和理性思維的方式去認識。因此，
在他們看來，以感覺經驗和理智思維為基礎的科學，只是通過各種
實驗對客觀外在世界進行研究，根本無法探討吠檀多的「最終實體」
和「終極目的」。尼赫魯或多或少也受到印度近現代哲學家的影響，
故而認為科學所研究的領域只是實證知識的領域，並不涉及實證知
識以外的領域，即某種超越理性知識的領域。他說：

> 終極目的的知識在科學裡是沒有的，就連對眼前目的的理解
> 在科學裡也是沒有的，因為任何關於人生目的的東西，科學
> 都不曾告訴我們。❽

此外，尼赫魯還認為，人類的終極目的可以說是體會真、善、美，

❽　尼赫魯：《印度的發現》，第679頁。

但科學的客觀探索方式在這方面似乎是不適用的。例如，對於藝術和詩歌的敏感性，對於美所引起的感動，對於善、同情及憐憫的內在認識等等，都超出了科學研究的範圍。有些動物學家和植物學家，整天守在實驗室裡，他們可能從來沒有體驗過大自然的魅力和美麗。有些社會學家，雖然長期研究社會，但可能完全缺乏對人類的慈愛。這說明，對人的慈愛和對大自然美的體驗都超出了科學研究的範圍。簡言之，在尼赫魯看來，科學只研究實證知識的領域，並不涉及超理性知識的領域，因此有許多人生問題光靠科學是無法解決的。人生是個非常複雜的問題，要解決人生的問題，科學還必須與哲學相結合起來。

從科學產品的用途來看，尼赫魯認為科學具有鮮明的二重性：它可以用於和平的目的，也可以用於罪惡的目的；其產品可以造福於人類，也可以給人類帶來災難。特別是在原子能被人類發現以後，科學的二重性就顯得更明顯。原子能具有無比強大的能量，當它被用於和平的目的時，它可以給人類帶來巨大的利益；但是當它被用於戰爭的目的時，它就可以製造出具有極大殺傷力的原子彈，甚至可以將人類毀滅。如何控制科學家的思想，保證科學永遠用於和平的目的呢？尼赫魯認為，這涉及到科學與道德的關係問題。任何一個科學家都在一定的社會條件中生存，受周圍環境和思想的影響，所以一個科學家必須加強道德修養，抵制各種邪惡觀念，具有崇高的理想和信仰，以確保科學永遠用於造福人類的目的。他說：

> 我想，在今天沒有一個人，甚至沒有一個科學家，能夠獨自生活在自己的世界中，即某種象牙寶塔中，而脫離周圍發生的事物。因此，在今天，科學正穿越著道德和倫理的邊境。

如果科學完全擺脫了道德和倫理的控制，那麼它所占有的力量就可能被用於罪惡的目的。尤其是它如果與仇恨和暴力的信條結合在一起，那麼它肯定會走上錯誤的方向，會給世界帶來很大的危險。❾

　　從工業化與人的精神發展的關係來看，尼赫魯認為，科學技術發展所導致的高度工業化雖然是件好事，但是也有其弊病。1951年他在新德里的一次會議上說，在過去每當他看到世界上工業高度發達的國家，他都非常羨慕它們，總想從各方面效仿它們，但是現在有些不同了，他覺得過度的工業化也是有缺陷的。過度的工業化和機械化可以改變人的本性，使人變成一臺機器。人們長期處於高度緊張的工業生產中，就會造成一種機械狀態，長此以往，甚至人的思想也被機械化了。人的思想的機械化，不僅妨礙了人的精神發展，而且會損害人性。在尼赫魯看來，當工業化導致社會的物質進步的同時，也在某種程度上損壞了人類的精神發展，這個代價也是相當高的。他說：

　　　能給全世界帶來財富和繁榮的事情，正是技術的發展和工業化等，但是這也使人逐步地、漸漸地變成了一臺機器。我可以說，在過去我是十分贊成印度的工業化的。現在，我認為這是一種很危險的事情。我們可以看到人們在正常職業中的機械狀態，也可以看到人的心思被機械化了，以致於它們在已規定的狹小範圍之外根本不能思考問題。❿

---

❾　薩維帕里·高帕爾編：《尼赫魯文選》，第448頁。

❿　同上書，第445頁。

當過度的專業化和技術發展給人類在許多方面帶來巨大利益的時候，我的心裡也悄悄地產生一個疑問：它們是否也在通過降低人的思想和精神的質量或產生一種自我毀滅的傾向來損害人性呢？ ⓫

　　從以上的觀點來看，我們認為，尼赫魯關於科學二重性的論述是有其片面性的：

　　第一，科學的研究領域是無限的，它不僅可以研究客觀外在的世界，而且可以研究人的內在主觀世界；不僅可以研究大自然的發展規律，而且可以研究社會發展規律和人生發展規律。隨著科學的不斷發展，它應當能夠回答人類所面臨的一切問題。在這方面，尼赫魯受印度傳統哲學的影響，只把實證科學或自然科學視為科學，認為科學研究的領域是有限的，只研究外在自然世界，而不涉及人的精神和情感世界，更不涉及印度傳統哲學中所謂的人的「終極目的」， 因此科學無法回答人生的許多問題。在這方面，尼赫魯的觀點顯然是片面的，他的這種觀點與二十年代中國思想家張君勱的觀點頗為相似。二十世紀二十年代初，中國思想界曾有過一次著名的辯論，名為「科學與人生觀論戰」。 隨著論點的展開，形成了以張君勱為代表的「玄學派」和以丁文江為代表的「科學派」等。1923年2月，張君勱在清華大學作了「人生觀」的講演，認為人生觀的特點是「主觀的」、「直覺的」、「自由意見的」、「出於良心之自動」、「漫無是非真偽之標準」， 所以「人生觀問題之解決，決非科學所觸為力，惟賴諸人類之自身而已」。 在張君勱看來，人生觀的問題是主觀的、直覺的，超出了科學研究的範圍，是科學所無能為

⓫　同上書，第446頁。

力的。天下之事，無獨有偶，尼赫魯和張君勱在這方面的觀點是非常相似的。

　　第二，科學產品可以造福於人類，也可以給人類帶來災難。倘若它給人類帶來災難，其過錯決不在科學本身，而在於掌握科學技術的人。因為科學本身是中性的，並無善惡之分。尼赫魯把科學被用於邪惡的目的的責任歸咎於科學，顯然是不恰當的。

　　第三，在工業生產的過程中由於人長期處於機械狀態而造成的精神損害，其責任也不在科學，而在於人類社會的管理機制。假如社會管理機制得當，恰當安排人的生產活動和精神生活之間的關係，人類的精神是不會受到損傷的。尼赫魯對過度工業化給人類造成精神損害的觀點，應當說，或多或少是受了甘地思想的影響。

三、科學的精神與方法

　　儘管尼赫魯有的時候提到科學的二重性，強調科學也有其缺陷和不足，但是總的說來，他更多地是強調科學在人類歷史和社會發展中的作用和意義。他認為，在今天的世界上科學的應用對於所有的國家和人民都是必要而不可避免的，只有大力發展科學，才能導致經濟的繁榮和文化的進步。他不僅宣傳科學在經濟建設中的應用，而且提倡把科學的精神和方法應用於人的各種社會生活以及人與人之間的關係中去。在他看來，應用科學的精神和方法比應用科學本身更為重要，因為科學的精神和方法一旦被大多數人所掌握，那麼它就不僅可以改造自然世界，而且可以改造人類社會。

　　尼赫魯明確提出，科學的精神和方法應當成為人們普遍的生活方法和思維方法。如他所說：「科學的方法和精神是，也應該是，

一種生活的方法，一種思維過程以及我們人與人之間的工作和相處的方式。」⑫尼赫魯是在什麼情況下提出把科學的精神和方法作為一種生活方法的呢?他是在比較科學與宗教的差異時提出這種論斷的，換言之,他提出科學的精神和方法是針對宗教的精神和方法而言的。他認為，宗教提倡一種與科學完全相反的精神和方法，宗教產生偏執、愚妄、輕信、迷信、感情用事、狂熱暴力等等，它禁錮和限制了人類思想的自由發展。宗教的精神和方法支配人類社會已有數千年的歷史了，尤其像印度這樣篤信宗教的國家，宗教對人們思想的危害就更為嚴重。因此，要想使人們的思想從宗教的精神和方法中解放出來，就必須大力提倡科學的精神和方法。他說:

> 科學確實在不斷變化著，對於它來說，沒有任何教條的或最終的事物。但是，科學的方法並不變化，我們必須把這種方法應用到我們的思想和行動中，應用到研究中，應用到社會生活、政治和經濟生活以及宗教之中。⑬

那麼，尼赫魯所謂的「科學的精神和方法」是指什麼呢? 對於「科學的精神和方法」，尼赫魯在許多地方都論述過，綜合起來說，其內容包括如下幾個方面:

㈠客觀探索的精神，即追求真理的精神

尼赫魯認為，科學與宗教不同，科學鼓勵人們解放思想，破除迷信，勇於探索，敢於創新。科學所鼓勵的探索精神是一種客觀的

---

⑫　尼赫魯:《印度的發現》，第680頁。

⑬　薩維帕里・高帕爾編:《尼赫魯文選》，第445頁。

探索精神。如果說宗教鼓勵人們向內進行主觀觀想，即宗教所謂的「內省直覺」，那麼科學則鼓勵人們向外對客觀存在的物質世界進行大膽探索，揭示大自然的奧秘和發展規律。因此，科學主張科學實驗，「對任何未經實驗或試驗過的事物拒絕接受，一有新的證據就改變過去的定論，只信賴觀察過的事實而不信賴假定的學說」❶等等。科學家就是以這種客觀的方式探索真理的，科學之所以飛速發展，也是因為大多數科學家都以這種方式尋求著真理。

㈡ 批判的精神、反對迷信和教條的精神

在尼赫魯看來，科學的精神就是科學實驗的精神、理性思維的精神，這其中也包含著批判的精神、反教條、反迷信的精神。對於科學來說，任何真理都必須經過試驗的證明，凡是沒有經過證明的真理都應當表示懷疑。對那些被實踐證明確實是錯誤的東西，不管它具有什麼樣的權威，科學都敢於批判，敢於消除其不良之影響。科學要求人們不要盲目地輕信任何東西，對任何宣傳都應當經過理智的思考和實踐的考驗才能夠相信。因此，科學反對宗教所宣傳的各種欺騙民眾的教條、迷信活動，以及各種勞民傷財、繁瑣雜多的宗教儀式等。

㈢寬容的精神

尼赫魯把寬容的精神也看作是科學的精神，他所謂的「寬容精神」是指一個人在贊成一種觀點的同時，也應當尊重別人的觀點和意見，承認在別人的觀點下也有真理存在。因為有關宇宙的真理太博大、太奧妙了，以至於一個人或一個派別根本無法全部掌握。一

❶　尼赫魯：《印度的發現》，第680頁。

個人即使知道的再多，世上仍有許多事情是他不知道的。即使你占有一部分真理，其他的人也有可能占有一部分真理，因此必須尊重其他人的觀點和意見，允許不同的觀點和意見存在。

在論述寬容精神的時候，尼赫魯提到了兩位他所尊重的歷史名人：一位是佛教創始人釋迦牟尼，亦稱佛陀；一位是孔雀王朝的開國君主阿育王。他認為這兩個人都在歷史上倡導過寬容的精神，並對印度人民的思想產生過深刻的影響。1957年1月14日，他在印度科學大會上說：

> 我認為，佛陀的教誨，撇開其宗教的意義不講，就是寬容的思想，反對迷信、儀式和教條的思想。這些思想從根本上說是屬於科學的精神。除了被經驗和實驗所證明了的事物之外，佛陀要求人們不要相信任何事物。他讓人們做的就是追求真理，不輕信其他人的話，即使是他本人的話。在我看來，除了寬容和同情之外，追求真理就是他的教誨的本質。令我激動的是，這些教誨在今天仍然沒有過時，在當今世界上仍有其特殊的意義。❶⑤
>
> 在他（阿育王）給我們留下的各種教導中，我認為有一條是我們大家都必須記住的，不僅在我國是這樣，在世界其他的地方也應當是這樣。他曾對自己的臣民講：「如果你尊重自己的信仰，在尊重自己信仰的同時也應當尊重別人的信仰。只有尊重了別人的信仰，你才能提高自己的信仰，使自己的信仰也被別人所尊重。」倘若你們把阿育王這種寬容的精神不僅應用於宗教，而且應用於人類生活的其他活動，如政治的、

❶⑤　薩維帕里·高帕爾編：《尼赫魯文選》，第448頁。

經濟的和科學的活動，那麼你們就會發現它會產生不同的結果。❶

㈣謙虛的精神

尼赫魯在倡導寬容精神的同時，還倡導謙虛的精神，因為他認為謙虛的精神也屬於科學精神的範圍。既然真理太廣博了，一個人不可能獨占真理，那麼你就應當謙虛謹慎、盡力與他人合作、向他人學習，力爭獲得更多的真理。他說：

> 我請求世界各地的科學家都要記住，科學的精神從根本上說就是寬容的精神、謙虛的精神、認識到別人也具有一些真理的精神。科學家應當懂得，他們不能獨占真理，沒有一個人、一個國家、一個民族、一本書籍能夠壟斷真理。真理太博大了，以至於人的思想或書籍（無論其如何神聖）無法包容它。❶
>
> 讓我們謙虛一些吧，讓我們記住真理不可能完全都在我們一邊。讓我們與其他的人合作吧，讓我們尊重他人的觀點和生活方式吧，即使我們不贊成他們所說的話！❶

尼赫魯一生都在宣傳這種科學的精神和方法，他希望他的人民掌握這種精神和方法，把它們應用於社會生活的各個方面，如政治

---

❶　同上書，第449頁。

❶　同上書，第448–449頁。

❶　同上書，第449頁。

生活、經濟生活、科學技術生活和文化生活等。在他看來，在現代
社會中，無論是在印度還是在世界的其他地方，都存在著不同的觀
點和生活方式。與此同時，壓制不同觀點的各種教條主義的態度和
方法亦十分流行，因此當今的世界上充滿著各種矛盾和衝突。要想
解決這些矛盾和衝突，尼赫魯主張堅決反對教條主義的態度和方法，
大力宣傳科學的精神和方法，尤其是寬容的、允許不同觀點存在的
精神。只有推行這種科學的精神和方法，才能使世界真正走向和平
和繁榮。

四、科學的人道主義

本世紀四十年代，尼赫魯提出了一種新的思想，即「科學的人
道主義」。什麼是「科學的人道主義」呢？他說：

> 因此，我們的行動必須與我們所處的時代中那些最高理想調
> 和一致，雖然我們也可能對最高理想有所補充或按照我們的
> 民族天才而加以改造。那些最高理想可以分為兩大類：人道
> 主義和科學精神。這兩者之間是有過表面上的矛盾，不過目
> 前的巨大思想劇變和它對於一切價值的懷疑也正在消除這兩
> 種認識之間的、以及那科學的客觀世界與內在的精神世界之
> 間的舊時的界限。人道主義和科學精神之間正在滋長著一種
> 綜合性，因而產生了科學的人道主義。⑲

---

⑲　尼赫魯：《印度的發現》（英文版），第558頁，牛津大學出版社，1988
　　年第7版。參見《印度的發現》中文譯本，第742頁。

後來，尼赫魯多次提到「科學的人道主義」思想。他所謂的「科學的人道主義」，實質上，就是他把自己最推崇的兩種人生理想或人生態度——人道主義的精神和科學的精神結合起來，融為一體，把它作為解決世間一切問題的新途徑和新方法。在他看來，在現代社會中有許多較好類型的現代思想，如實踐主義、實用主義、利他主義和人道主義等等。但是，他把人道主義看作是最好的思想，看作是代表時代精神的人類最高理想。有的時候，他甚至把人道主義比喻成「現代思想之神」，把社會服務比喻成「人道主義的宗教」。如他所說：

> 這種現代思想已經大部分拋棄了古代人們的哲學理解，拋棄了他們對於終極實在的探索，並且也拋棄了中世紀的虔誠主義和神秘主義。人道主義就是現代思想之神，而社會服務則是它的宗教。這種概念可能並不完整，因為每一個時代的思想都曾被當時的環境所限制，而每一個時代都曾把某些局部真理當作一切真理之門的鑰匙。❷⓿

尼赫魯所說的人道主義，就是指十八世紀法國大革命時期所提倡的自由、平等、博愛的思想。在「自由、平等和博愛」中，他更強調平等的觀念，他認為要求平等就是今天我們這個時代的時代精神：在世界上不僅每一個國家、每一個民族不分大小必須平等，而且每一個人也應當平等；人與人之間的平等，不僅是政治上的平等，而且是經濟上以及社會諸方面的平等。除了人道主義的思想之外，尼赫魯還格外推崇科學的精神和方法，即前面所述的客觀探索、追求

---

❷⓿　同上書，第557頁。

真理的精神、寬容大度、謙虛謹慎的精神等。他認為，只要把人道主義的精神和方法與科學的精神和方法這兩種現代最好的方法結合起來，就能夠解決今天社會的各種矛盾和衝突。

為什麼尼赫魯要提出「科學人道主義」的思想呢？對於這個問題，他從兩個方面進行了解釋：

其一，尼赫魯是從印度傳統文化的角度進行分析，他把「科學人道主義」視為「解決古老問題的一個新途徑」。 在他看來，今天的社會上之所以充滿各種矛盾和衝突，人之所以有各種痛苦和煩惱，其中一個重要的原因，就是因為人的內心精神生活與社會上的各種物質生活不能協調一致。這涉及到一個古老的哲學問題，如他所說：

> 曾使古代哲學家們陷入苦悶的問題，今天又以不同的形式和關係被提出來了：怎樣使世界上的表面現象的生活和個人內心的精神生活協調一致？ [21]

如何解決這個問題呢？有的人主張用醫學的方法，有的人主張用道德的方法，尼赫魯認為這些都是不夠的。在他看來，除非人類的思想方式在基本構成上發生重大變化，要想使人類的命運有重大的改變，是根本不可能的。因此，他主張，要用人道主義的學說與科學的精神及方法來充實人們的頭腦，要用這兩種現代社會最先進的思想方法來改變人們舊有思想方式的基本構成，從而使人類的命運發生重大變化。只要社會上的每一個人都能以人道主義的平等精神、科學的探索精神、寬容精神來對待他人和周圍事物，那麼他的內心精神世界與外在現象世界就會協調一致，人與自然、人與社會之間

[21] 同上書，第559頁。

的關係也會逐步達到和諧和統一。

其二，尼赫魯從現代世界政治的角度進行解釋，他把「科學人道主義」作為解決現代世界各種矛盾和衝突的重要思想武器。他說：

> 在今天的世界上，人們可以看到許多令人高興的事情，也可以看到許多使人極其失望的事情。人們不理解，我們這個世界本來有許多促進人類進步的合作的機會，為什麼它卻一直陷於衝突、暴力和仇恨之中。今天我們看到了許多像過去一樣的盲目的軍事衝突。我們看到了在現代又重新產生出一些本應隨著過去時代而消失了的事情。在古代世界的許多地方，都發生過爭論宗教教義的大規模衝突，人們為解釋某種教義而相互殘殺——幸運的是在你的或我的國家內這種事情並不太多。今天，我們看到了人們在非宗教的許多領域上變得更教條了，也看到了由於這種對人類事務的教條主義態度而引發的各種衝突。❷❷

在尼赫魯看來，今天的世界上之所以有各種矛盾和衝突，就是由於在處理人類事務中還存在著各種教條主義的態度和方法。教條主義的態度不僅表現在宗教信仰方面，而且表現在意識形態和生活方式等等方面。凡是教條主義者，都自以為是真理的占有者，而斥責別人的觀點是謬誤或邪惡，而加以壓制、排斥或打擊，從而引發衝突和戰爭。如何克服這種氣量狹小的教條主義態度呢？他認為，這就要靠「科學人道主義」的精神和方法。只要人們掌握了「科學的人

---

❷❷　希塔・拉姆・賈亞瓦爾編：《尼赫魯論社會、教育和文化》，第123頁，印度，阿格拉，1965年。

道主義」，他們就不再以為自己是真理的唯一占有者，就能平等地對待別人，寬容大度地看待他人的信仰和生活方式，允許不同的觀點存在和發展，從而逐步消除故步自封的教條主義態度，使世界日益走向和諧。

綜上所述，我們可以看出：尼赫魯對科學的討論絕不是為了科學而討論科學，他是從一位政治家的角度、一位戰略思想家的目光來看待和論述科學的。他不僅看到了科學在人類歷史上產生的重大作用，而且看到了科學在未來社會發展中的永恆價值；不僅認識到科學技術本身對社會生產力的巨大推動力量，而且認識到科學的精神和方法對人類的思想和社會進步將產生的深遠影響。尼赫魯不僅用科學的精神和方法武裝自己的頭腦，力求以科學探索、理性思維、寬容大度、謙虛謹慎、反對教條的精神來處理各種國務活動，而且還大力宣傳和推廣科學的精神和方法，力爭使自己的人民也掌握它，使他們盡快地從各種宗教教條、迷信、愚昧和仇恨中解放出來。甚至在處理國際事務中，他也主張反對教條主義的態度，而採取人道主義和科學的精神和方法。應當說，尼赫魯的科學觀已經成為他的一種思維方式、處理事務的基本方法，貫穿於他的一言一行及各種學說和思想之中。毫無疑問，尼赫魯的科學觀是其整個思想體系的一個重要的組成部分。

第五章　文化觀

　　尼赫魯不僅是一位傑出的政治家，而且也是一位博學多才的學者。在現代印度的政治領袖之中，尼赫魯是最富有文化底蘊、對文化問題論述最多的領導人之一。他不僅通曉印度文化，而且熟知西方文化；不僅研究各種人文科學，而且熱愛自然科學。他可以把印度文化和西方文化、人文科學與自然科學有機地融會起來，創造出某種新的思想或學說，來為自己的社會政治理想服務。

　　除了政治經濟領域以外，尼赫魯在文化領域中也有頗多的論述，並提出一些發人深省的見解。他一向重視文化和道德在社會發展中的價值和作用，把研究文化和道德問題視為其國務活動和領導工作的重要組成部分。尼赫魯雖然沒有闡述文化的專著，但是他在各種著作、文章、講演和書信中卻經常發表對文化問題的討論，從這些討論中可以看出他對文化問題的濃厚興趣和高深見解。在這一領域，他討論過印度傳統文化的特點、印度古代文化衰敗的原因、對待文化遺產的態度、東西方文化的交流、民族文化和外來文化的關係、文化在現代社會中的作用、未來世界文化的發展前景等諸多課題，並闡述了不少獨樹一幟的觀點。

一、印度文化的基本特徵

尼赫魯是一個愛國主義者，他熱愛印度的一山一水，更熱愛她古老而悠久的文化。用他的話說：「我們不是一個卑賤國家的公民，我們為我們的出生地，為我們的民族，為我們的文化和傳統而感到自豪。」❶

有關印度傳統文化的問題，尼赫魯在許多著作和演講中都涉及到了，唯有在《印度的發現》一書中對此做了全面而具體的論述。在這本書中，他評述了印度河流域的文明、雅利安文化與達羅毗荼文化的融合、婆羅門教的經典、佛教的教義與哲學、印度的史詩與神話、印度的藝術與戲劇、印度人的宇宙觀和人生態度、印度與其他國家的文化交往等等。他全面論述印度文化的目的，就在於揭示隱藏在印度文化中的奧秘，從中發現一種能夠把億萬印度人民團結和維繫在一起的精神——「印度精神」，從而依靠這種精神來戰勝英國殖民主義者。在評述印度文化方方面面的同時，尼赫魯亦把印度文化與其他國家的文化作了比較研究。以他的智慧和理解，總結和概括出印度文化的幾個基本特徵。這些基本特徵是：

(一)多樣性與統一性的結合

尼赫魯認為，印度文化是豐富多采、多種多樣的，但是在這種多樣性的背後也蘊藏著某種一致性或統一性。這種統一性代表著印度文化的本質，沒有這種統一性，就談不上印度文化。因此說，印

---

❶ 尼赫魯：《印度的發現》（中文譯本），第752頁，北京，世界知識社，1956年。

度文化是多樣性和統一性的結合。

印度文化的多樣性是顯而易見的。印度是一個多宗教、多民族的國家。在印度流行的宗教有印度教、伊斯蘭教、耆那教、錫克教、佛教和基督教等，每一種宗教都有自己崇信的經典和神靈、教義教規、祭祀儀軌、道德規範和風俗習慣等，這種多樣性使印度人民的文化生活變得五光十色、色彩繽紛。此外，印度還有許多大大小小的民族，每個民族都有自己的語言文字和生活方式，這些不同的生活方式與他們各自的宗教信仰交織在一起，就更使得印度文化色彩斑斕。尼赫魯曾舉例說，西北印度的帕坦人與南印度的泰米爾人在身體外貌和精神習性上都有很大的差異；他們的種族世系不同，因而在身材、面貌、飲食、服裝、語言和生活方式上亦不相同。西北邊省的帕坦人帶有中亞的氣息，他們的許多生活習慣類似於喜馬拉雅山那邊的國家，他們的民間舞蹈就特別像俄國哈薩克的舞蹈。印度文化的這種多樣性是擺在表面上的，誰都能看得見。

那麼，印度文化有沒有一種統一性呢？這種統一性是指什麼呢？尼赫魯經過大量的研究後確認：印度文化雖然表面上是多樣的，但其本質是統一的；在印度文化多樣性的背後有一種精神上的一致性，這種精神上的一致性把信仰不同宗教的印度各族人民團結在一起。如他所說：

> 雖然我們的人民在表面上有分歧和無數的類型，但在每個地方都有那種偉大的一致性的印痕，這個一致性在過去的世世代代中無論我們遭受過怎樣的政治命運或災難都曾把我們團結在一起。印度的一致性對我已經不僅是一個理智的概念了，而是使我折服的一種情感的體驗。這個本質上的一致性的力

量是如此強大，所以任何政治分歧、任何災難或慘禍都沒有
摧毀過它。❷

又說：

> 我對印度生活的種種不同和區別，對階級、種姓、宗教、種
> 族及各種程度不同的文化發展都充分知道，但是我認為一個
> 有漫長的文化背景和有共同的人生觀的國家，發展了一種特
> 別的精神，銘刻在它子孫的心中，不管他們之間有多少差異
> ⋯⋯我所追求的就是這種印度精神，不是由於無聊的好奇，
> 雖然我是夠好奇的，我覺得它可以給我線索來了解我的國家
> 和人民，給我以思想和行動的指導。❸

尼赫魯所說的這種「印度精神」是什麼呢？在他看來，這種「印
度精神」就是印度文化的統一性或一致性，它是在漫長的文化背景
中印度人民所形成的一種共同的人生態度、共同的道德和精神特質。
他曾風趣地說：印度的帕坦人和泰米爾人雖然有很多不同，但是他
們身上顯然都具有印度的特徵——「印度精神」，從而區別於其他國
家的人。一個印度人生活在印度覺得自由自在，而當他到別的國家
時就會覺得自己是一個陌生人或異國人，這是為什麼呢？原因就在
於別的國家缺乏這種「印度精神」。這種印度文化的統一性表現在許
多方面，尼赫魯沒有做詳細的闡述，但是他認為這不僅是一個理性
的概念，而且是一種精神的力量，主要靠心理和情感去體驗。他還

---

❷　同上書，第60頁。
❸　同上書，第60–61頁。

強調印度的這種精神力量是強大而不可戰勝的：

> 印度是一個地理上和經濟上的整體，在多種多樣性中有著文
> 化上的一致性，是一堆的矛盾而又有強固而無形的線索將它
> 們繫在一起。雖然一再受到挫折，它的精神卻始終沒有被征
> 服過；而在今天它雖像是那狂傲的征服者掌中的玩物，但它
> 仍然是不屈服和不可戰勝的。❹

(二)歷經數千年，綿延不斷

尼赫魯認為古代印度文明具有強大的生命力和持續力，它歷經
數千年、經久不衰。在人類歷史的黎明時期，古代文明在一些國家
中興起，雖然它們留下了許多令人懷念的歷史豐碑，但差不多都已
經從地球上消失了。然而，中國和印度的文明卻從古代一直延續到
今天。他指出：

> 在中國和印度這兩個國家裡，不僅在歷史開始之際就有了這
> 些早期文明，而且儘管有一切的盛衰隆替，變化更迭，它們
> 卻連綿不絕，從未中斷。因此，中國和印度具有這種長遠的
> 不中斷的傳統和文化遺產。在過去，它們曾經彼此相互影響；
> 在將來，它們也會這樣的。它們彼此的關係，不僅對這兩個
> 國家本身是極其重要的，而且對世界也是有重大意義的。❺

---

❹　同上書，第748頁。

❺　尼赫魯：《印度的發現》，中文譯本序言，第1頁，北京，世界知識社，
　　1956年。

大約在公元前2500年至1500年之間，當埃及、亞述和巴比倫的古代文明處於上升階段，在南亞次大陸也發展起了古代印度河流域文明。在印度河流域發現了許多城市文化遺址，其中最大的是哈拉帕和摩亨約・達羅兩處，當時的主要居民是達羅毗荼人，他們從事農業和手工業，而且發明了象形文字。公元前1500年左右，屬於印歐語系的一些雅利安部落從中亞高原南下，進入印度河流域。雅利安人原屬游牧民族，來到印度後逐漸學會了農業生產，他們的文化也和達羅毗荼文化漸漸地融合起來。人們把雅利安人進入印度河流域到公元前六世紀的漫長的歷史階段，稱之為吠陀時代。吠陀時代的文化是以古代婆羅門教的經典——吠陀和《奧義書》為主要代表。後來，以吠陀、《奧義書》為代表的吠陀文化便成了印度文化的源頭和精髓。它歷經三四千年，一直延續至今，雖然在歷史上曾遭受過波斯人、希臘人、伊斯蘭教徒和英國人的入侵，但是從未中斷。尼赫魯認為，印度文化之所以延續數千年，關鍵在於它本身具有一種自存的動力和生命力。如他所說：

> 印度並不是孤立的，在整個的漫長歷史中，它與伊朗人、希臘人、中國人、中亞細亞及其他地方的人們不斷地有著活生生的接觸。既然它的基本文化經過這些接觸之後仍然能夠存在，那麼它那文化的本身必然有某種東西能賦予它自存的動力，內在的生命力和對人生的了解，因為三四千年的文化滋長和持續是驚人的。❻

---

❻　同上書，第99頁。

㈢具有巨大的同化和融合能力

按照尼赫魯的觀點，印度文化能夠綿延數千年，這與它所具有的巨大同化力或融合力是分不開的。在印度悠久的歷史中，雅利安人和達羅毗荼人的融合是「第一次偉大的文化上的綜合」，「印度的基本文化就是由這種綜合或融合產生出來的」。在以後的時代裡，又有許多其他的種族來到印度，如伊朗人、希臘人、安息人、大夏人、西徐亞人、匈奴人、突厥人、初期基督教徒、猶太人、祆教徒等；他們來了，在印度發生了一些影響，但最終都被印度文化融會了，同化了。在尼赫魯看來，印度「像人海一樣具有無限的吸收能力」，每一種外來思想和文化傳進來，隨著歲月的流逝，都漸漸地屈服於印度文化不可思議的同化力量。例如，一個基督教徒或一個伊斯蘭教徒來到印度後，他慢慢地能使自己適應印度的生活和文化方式，而在信仰上仍然是一個基督教徒或伊斯蘭教徒。「他使自己受印度同化而成為一個印度人，但不改變他的宗教。」❼

關於印度文化的融合和同化力量，尼赫魯這樣論述道：

> 不管我們用什麼字來標明我們的文化傳統，「印度的」也好，「印地」也好，「印度斯坦尼」也好，我們看得出：過去主要是從印度哲學觀點得出來的某種對於綜合的內在要求，乃是印度文化甚至印度種族發展的有力特徵。每一次外國成分的侵入都是對於這種文化的一種挑戰，但是每一次都用一種新的綜合、一種同化的過程有效地把它應付了。這是一種恢復青春，以及由此開出文化鮮花的過程……❽

❼　同上書，第83頁。

又說：

> 到印度而被印度吸收的每一個外來成分，似乎都給了印度一
> 些東西，也從印度得到了許多東西；對於它自己，對於印度
> 都有貢獻。但是如果它和印度分離，或者不能變成一分子來
> 分享印度的人生以及它的豐富多采的文明，它就不能有持久
> 的影響並且終歸消逝。❾

㈣富有偉大的寬容精神

　　印度文化的另一個特點，在於它具有一種博大的寬容精神。這
種精神表現在它有「一種對異族人生活方式加以容忍的寬宏度
量」。 在印度雅利安文化產生後的幾千年中，有許多外族的文化傳
入印度，如波斯文化、希臘文化、伊斯蘭文化和基督教文化等；這
些文化都被印度人接受了，承認了，並且容納於五彩繽紛的印度文
化百花園中。在對待外來思想和文化方面，印度人有一種明顯的寬
容精神。尼赫魯說：

> 使印度維持著生命力，使它經歷這樣悠久的年代的，不是什
> 麼神秘的教義，或者秘傳的知識；而是一種仁慈的人道主義
> 和它多樣性的寬宏大度的文化……❿

---

❽　同上書，第84頁。

❾　同上書，第174頁。

❿　同上書，第183頁。

　　為什麼印度文化具有這種寬容性呢？尼赫魯分析了它的社會原因，他認為印度文明是建築在以種姓制度和大家庭制為主要形態的社會組織的基礎之上的。這種種姓制的社會組織，雖然有許多缺點，但也有一些長處。譬如，這種組織強調公共性，注重公眾利益和社會保障，對老人、多病者或其他因喪失能力而不能自給的人都給予一種保險，在這方面做得很成功。此外，這種種姓組織，就其整個集團而言，雖然它強調遵循公共習慣，但卻有很大伸縮變通的餘地；沒有一條法律或社會規章是不能用習慣去變更的。就是這種伸縮性和適應力，為外來文化的存在和發展提供了機會和條件，也使印度人養成了寬宏大度的氣量和「自己生活並讓別人生活的願望」。當一個外來的集團和文化進入印度後，印度的社會組織通常都能承認這個集團的習俗、信仰和慣例，並把它視為印度大家庭的一個成員。

㈤對人生的肯定態度

　　一些西方學者鼓吹印度人的人生觀是出世論的，印度文化也充滿著悲觀厭世、否定人生的觀念。尼赫魯反對這種觀點，他認為這是西方人對印度文化的一種偏見。在他看來，印度文化和世界其他地區的文化一樣，在對待人生問題上也有兩種對立的態度：一種是肯定人生，一種是否定人生或逃避人生；這兩種態度並排發展著，在不同的歷史時期所著重的有所不同，有時是這一個突出，有時是那一個突出。雖然有一些印度哲學流派宣揚悲觀遁世的思想，但是就從整體和主流而言，印度的思想和文化充滿著對人生價值的肯定，洋溢著享受大自然和人生的歡樂。他非常明確地論述道：

　　有些人曾經以為印度的思想和文化在根本上代表著否定人生

的原則，而沒有代表肯定人生的原則。據我想，這兩種原則在所有舊的宗教和文化中都不同程度地存在著。但是我總認為，以整體而論，印度文化從沒有強調過否定人生，雖然有些印度哲學這樣主張過；看來印度文化所強調過的否定人生似乎比基督教少得多。**⑪**

　　尼赫魯認真地考察了印度文化的各個方面——文學、音樂、舞蹈、戲劇、繪畫和建築等等，他認為從這些方面可以充分地發現印度人對大自然的讚美，對日常生活的熱愛，甚至對性關係的細緻的探討，這些足以說明印度文化對人生的肯定態度。以《梨俱吠陀》為例，這部反映古代印度人生活的詩集彌漫著大自然的美妙和神奇，洋溢著人生的樂趣和活潑的生機。在《奧義書》之中充滿著探索的精神，表現出印度人尋求一切真理的熱情以及人與大自然相統一的強烈願望。在他看來，正是由於有這種對生活的熱愛和對真理的追求，印度文化才能不斷地發展和昌盛起來。假如印度文化或人生觀是建立在一種出世或厭世的思想之上，那麼它就不會創造出這麼豐富多采的內容，也不會綿延數千年，一直發展到今天。與西方相比，西方文化中厭棄人生的思想也是相當嚴重的。例如，在中世紀的歐洲，人們普遍相信世界末日即將來臨的觀念就是一個典型的證據。

二、印度文化衰敗的原因

　　尼赫魯考察了印度文化發展的整個過程，並且揭示了印度傳統文化衰退的原因。如果從哈拉帕和摩亨約·達羅的印度河流域文明

---

⑪　同上書，第92頁。

算起，古代印度文明至今已有四千多年的歷史了。在這個漫長的發展過程中，印度文明出現了幾度輝煌：大約公元前十五世紀至公元前六世紀，印度雅利安人和達羅毗荼人共同創造了燦爛的吠陀文化；公元前六世紀至公元前三世紀，印度思想界呈現出一個百花齊放、百家爭鳴的時期，產生了佛教、耆那教、婆羅門教六大哲學派別和順世論等眾多的思想流派；公元四至六世紀的笈多王朝，也是印度文化和藝術史上一個輝煌燦爛的時期。按照尼赫魯的觀點：從公元之初到公元1000年左右，乃是印度古代文化的頂盛時代；在這個時代，印度人民在哲學、文學、戲劇、藝術、科學和數學等領域都創造出舉世聞名的偉大成就，整個民族皆充滿著一種強烈的自信心和自豪感。如他所說：

> 在公元最初一千年中，印度經過若干次盛衰、成敗，與外來的侵略成分有過多次的鬥爭衝突，也遭遇過不少內部的荊棘災難，然而這仍不失為一個民族生活活潑旺盛的時期，它精力煥發地直朝著各方面發展。文化發展成為一種豐富的文明，在哲學、文學、戲劇、藝術、科學和數學各方面百花齊放。印度的經濟發展了，印度的眼界開闊了，別的國家也在它的視線之內了。它和伊朗、中國、希臘及中亞的接觸增加了，尤其是它對東方海面有著一種強有力的欲望，這就導致印度殖民地的建立，也使印度文化傳布遠及國外。在這一千年的中葉，既從公元四世紀到公元六世紀的這期間，笈多王朝繁榮興盛而成為這廣泛的知識和藝術活動的保護者和標誌。這可稱之為印度的黃金時代或全盛時代。這個時代的作品已成為經典的梵文文學，它顯露著恬靜沉著的氣質、自信心和一

種自豪的熱情——這是由於幸而生在這樣一個文化的全盛時代而感到的自豪。⓬

尼赫魯認為，大約在公元1000年以後，印度古代文化就開始從頂峰走向衰落，這個衰落的過程首先始於北印度，然後逐漸向印度南部擴展。當然，這種衰敗是一個非常緩慢而不知不覺的過程，有的時候也會出現某種復興，閃現一兩個光輝的人物，但總的發展趨勢是在走下坡路了。儘管印度文化在相當一段時間仍然有著光明的外貌，但是有一種內在的弱點和缺陷在腐蝕著它，這不僅影響了印度的政治地位，而且也影響了印度人民的創造精神和活動。

到底印度文化衰退的原因在哪裡呢？有一些人主張，外族人的入侵導致印度政治自主的喪失，政治自主的喪失不可避免地引起文化的停滯和衰敗。對於這種觀點，尼赫魯是不贊成的。在他看來，正是先有政治或文化的某種衰敗，才導致外族的入侵及政治自主的喪失，而不是先有政治自主的喪失才引起文化的衰敗，尤其像印度這樣的大國，他說：

> 一個小國可能易於為一個比較強大的國家所征服，但一個像印度這樣大、這樣發達並且具有高度文化的國家是不會屈服於外來的攻擊的，除非它內部先自己衰敗，或是侵略者擁有一種較高的作戰技術。印度自己內部的衰敗在這一千年的末期是已經看得很清楚的了。⓭

⓬　尼赫魯：《印度的發現》，第278頁。
⓭　同上書，第282頁。

　　尼赫魯斷言，印度文化的衰退主要是由於其內部的社會原因。以種姓制度為主要代表的社會組織是印度文化的社會基礎，這種社會組織日益走向僵化、保守和閉關主義，是印度文化衰退的根本原因。種姓制度把人們束縛在一個小圈子裡，使人養成一種狹隘的、小集團的和地方主義的心理，阻礙人們向外擴展和實現更大的團結。種姓組織雖然發展了手工業、技藝和貿易，但往往只限於個別的團體之內。許多類型的職業都是世襲的，而且避免新式的工作和新的活動，從而使人們局限於舊的規範之內，限制他們的進取和革新精神。種姓制度把大多數的人永遠關閉在社會的底層，剝奪了他們成長的機會。低級種姓的人沒有受教育和發展的權利，但他們卻被教育去服從那些地位較高的人。在種姓制度下，生活變成了定型，職業固定不變，人與人的接觸受到限制。總之，這種社會組織嚴重地束縛了印度的思想，使其喪失了激發性和創造力，最終導致印度文化停滯不前和衰退。在尼赫魯看來，印度文化的衰退早在公元1000年的末期就已經開始，因而與西方國家相比，印度在近代落後了。

三、對待文化遺產的態度

　　如何對待祖國的文化遺產，怎樣發揚民族的傳統文化？這個問題是尼赫魯經常思考的問題，無論是在獨立之前他領導民族解放運動期間，還是在獨立之後他指導國家的各項建設時期。在這個問題上，他一直保持一個政治家的清醒頭腦，力求以科學的態度和辯證的方法解決好它，使之有利於民族的進步和國家的興旺發達。

　　尼赫魯向來是以一分為二的態度看待印度的傳統文化。他認為，印度的傳統文化，就像其他古老文化一樣，是一個「善與惡的

奇異的混合體」❹；它的「善的一面」，常常被隱蔽起來，必須加以探求；它的「惡的一面」， 卻被炎熱無情的陽光暴露無遺。他曾以文學家的手筆生動地描述過印度文化的二重性：

> 印度雖然貧窮和衰落，她依然保持著足夠的高貴和偉大：雖然負著古老傳統和現今苦難的過重的擔子，眼皮有些倦累，但是她還有「從內心發展到肉體的美，每個微小的細胞都蘊藏著奇異的思想，玄妙的幻想和細膩的感情」。在她傷痕斑斑的身體背後和裡面，人們仍然能夠瞥見她靈魂的高貴。她經歷了漫長的世紀，在路途中搜集了很多的智慧；她和陌生者進行交易，並把他們吸收到自己的大家庭裡來：她曾經目睹光榮的時代和衰頹的歲月，忍受過屈辱和深沉的悲哀，同時也見過不少奇觀；但是她在漫長的旅程中，始終牢守著她遠古的文化，從這裡面汲取力量及生命力，並且和其他國家共同享受著。她像一個鐘擺那樣擺上擺下，她依靠思想上的勇氣敢於嘗試去攀登天堂，探求它的奧秘，然而她也經歷過地獄深淵的悲慘經驗。雖然她可悲地積累了那種纏住她、壓倒她的迷信和墮落的習慣，但她從未完全忘掉她幾個最聰慧的子孫在歷史的黎明時期，在《奧義書》中所給她的靈感。❺

尼赫魯反對印度國內那種復古主義的或過分吹捧民族傳統文化的思潮。在他看來，印度傳統文化中既有好的一面，也有壞的一面，因此應當批判性地對待民族文化遺產，必須取其精華，去其糟

---

❹ 尼赫魯：《自傳》，第490頁，北京，世界知識社，1956年。

❺ 同上書，第489頁。

粕。區分精華與糟粕的標準是什麼呢？尼赫魯對此雖然沒有作明確的回答，但是從他的各種著述中可以看出：他是從現實主義的立場出發，以文化的社會功能為標準，主張凡是傳統文化中至今仍有生命力的，能夠鼓勵人們奮發向上，促進社會變革和進步的思想和觀念，都應當繼承和發揚；反之，那些已經死亡了的，有害於人們身心健康，阻礙社會進步和發展的思想和觀念，則都應當拋棄和斷絕。

尼赫魯說：

> 印度必須與過去的許多東西斷絕關係，並且不讓那「過去」來支配「現在」。我們的生活受了過去枯朽的牽累，所有那些無生氣的和已經完成使命的東西都應當退出舞臺。但這並不意味著要棄絕或忘掉「過去」中的那充滿活力而賦予生命的東西。[16]

在印度傳統文化中哪些東西是有生命力的呢？他認為，那些曾經激勵我們民族前進的理想，我們祖先對人生和大自然的愛好和探索精神，他們對真、善、美和自由的傾倒和追求，他們在社會生活中所樹立起來的那些基本價值，他們對不同風俗習慣的寬容，他們對其他民族及其文化的同化能力等等，都是傳統文化中至今仍有生命力的東西，必須繼承和發揚光大。如果印度不能繼承和發揚這些優秀的民族文化遺產，那麼「她就不復成其為印度了」。

在繼承民族文化遺產的同時，尼赫魯更加強調一個民族應具有革新精神和創造能力。一個民族如果只依靠自己祖先的文化遺產而活著，那麼它肯定沒有前途，而且是十分危險的。因此，他認為，

---

⑯　尼赫魯：《印度的發現》（齊文譯），第675頁。

獨立後的印度人民不僅要學會區分什麼是優秀的文化遺產，而且要在繼承這些優秀文化遺產的同時，加以改革和創新，使之適合於今天的環境和形勢。他在薩加爾大學對大學生的一次講演中說：

> 沒有什麼東西比具有豐富的文化遺產更為有益，更值得稱讚的，但是也沒有什麼東西比坐在遺產之上，靠遺產而活著更加危險的。如果一個民族只會仿效它的祖先，這個民族是不會繁榮的。一個民族所建造的東西，必須是有創造性的，有發明的，具有生命活力的。❼

　　除了繼承自己民族的文化遺產之外，尼赫魯還主張要繼承人類的一切文化遺產。他說：

> 什麼是我的遺產呢？我是什麼遺產的繼承人呢？我所繼承的是幾萬年來人類的一切成就；所繼承的是一切人類所想過的、感覺過的、經驗過的痛苦和歡樂，所繼承的是人類勝利的歡呼和它失敗後的辛酸苦悶；所繼承的是人類可驚的冒險，這冒險老早就已經開始而還繼續在進行，並且在向我們招手示意。所有這一切以及其他都是我和全人類所共有的。但是我們印度人擁有一種特殊的然而並非獨占性的遺產，因為沒有一樣是可以獨占的，一切都為人類所共有……❽

這一段話表現出尼赫魯博大的胸懷和一個政治家高瞻遠矚的目光。

---

❼　G. C. 納雅克編：《尼赫魯和印度文化》，第3頁，印度，普里，1992年。

❽　尼赫魯：《印度的發現》，第30頁。

在他看來，文化遺產是不分國界的，印度的文化遺產不僅屬於印度，而且屬於全人類；一個民族不僅要繼承自己民族優秀的文化遺產，而且要繼承一切人類優秀的文化成果。印度這個古老的民族，雖然具有豐富的文化遺產，但是仍然要向外國學習，學習外國先進的文化和經驗，以此來充實和發展自己。只有繼承自己民族優秀的文化傳統，並且吸收世界上一切先進的思想和文化，印度才能返老還童，恢復她往日的青春和活力。

四、東西方文化之比較

尼赫魯自幼是在一個印度教文化和穆斯林文化相融合的家庭中長大的，這個家庭使他吸收了印度教和穆斯林文化中一切好的東西；青少年時代他去英國倫敦和劍橋學習七年，這七年使他深刻地了解了歐洲古代的歷史文化、近現代的各種思潮以及自然科學知識。尼赫魯所受的教育與成長過程，使他比其他的人更能夠理解和融會東西方文化，更具有條件來對東西方文化進行比較研究。因此，他在許多文章和講演中都闡述了他在這方面的觀點和見解。

在對東西方文化的比較研究中，尼赫魯首先批判了一些西方學者所持的「歐洲中心論」的觀點，主張東方和西方文化在本質上是一樣的，它們都是依照自己的方式來解決所面臨的各種人生問題，根本沒有什麼優劣之分。有些西方學者一向認為「一切有價值的事物都發源於希臘或羅馬」，他們雖然知道「一些關於亞洲各民族在過去的成就」，　也不是心悅誠服地加以承認，而是「有一種不知不覺的抗拒」⑲。尼赫魯嚴肅地指出：這些學者的觀點是出於一種偏見，

---

⑲　同上書，第180頁。

即一種「歐洲中心論」的偏見，實際上他們對東方，特別是印度和
中國的歷史和文化，了解得很少。但是，由於他們的宣傳，一些缺
乏學識的群眾自然會相信「東方和西方之間有著本質上的不同」了。
他在批駁「東方和西方之間有本質的不同」觀點時說：

> 不論在東方或是在西方每一個國家，每一個民族都有它各自
> 的個性和使命，以及依照自己的方式試行解決人生的各種問
> 題。希臘在它自己的方式上有些東西是肯定優越的；印度、
> 中國、波斯也是如此。古代印度與古代希臘各不相同而又頗
> 為近似，正如古代的印度和古代的中國，儘管有著巨大的差
> 異而思想上仍有相似之處一樣。❷⓿

在尼赫魯看來，東西方文化根本不存在本質的差別，兩者各有
各的優勢。在比較古代希臘、印度和中國的文化時，他認為，這些
文化的相似之處在於：它們都具有同樣豁達、寬容的精神，允許各
種不同的宗教存在；它們都愛好生活和藝術，善於享受人生和大自
然的美妙與無窮變化的歡樂；它們都勇於探索，善於從生產和生活
的實踐中獲得真理和智慧等等。但是，這三種文化在其發展過程中，
由於民族的個性和自然環境的影響，各自重視人生的方面卻有所不
同，有的注重人生的這個方面，有的卻注重人生的那個方面。他說：

> 希臘人作為一個種族而論，可能對於眼前的人生要更會享受，
> 他們見了在自己眼前的以及他們自己所創造的那種美，感到
> 歡欣和諧。印度人對於眼前的人生也感覺到歡樂和諧，但他

---

❷⓿ 同上書，第181–182頁。

們同時也把眼光轉向更深入的知識，他們的心中交織著一些
奇奇怪怪的問題。中國人雖然也充分注意到了這些問題及其
不可思議的地方，然而以其聰明智慧，避免跟它們發生糾纏。
每一個種族都用他們不同的方式表現出他們人生的豐滿和美
妙。**㉑**

儘管西方學者把古代希臘看作是「近代歐洲和美洲的父母」， 認為
古希臘文明更具有生命力，然而尼赫魯卻不同意這種觀點。他認為，
印度和中國的古代文明雖經歷種種磨難，但富有更深的根基和強大
的持久力，故能延續至今，而古希臘文明卻因其過分注重眼前的世
界而未能免於死亡。因此，他在比較這二種文化的最終結局時說：

歷史證明，印度和中國有著比較強固的根基，比較大的持久
力，所以它們至今長存，雖然它們受到過很嚴屬的打擊而大
大地退化了，前途亦復模糊。古代的希臘，雖極盡光輝燦爛，
年華卻是很短；除了它那偉大的成就，除了它所給予後世文
化上的影響以及那輝煌的但也是短暫的豐富人生的回憶之
外，它沒有能夠免於死亡。或者因為它過分地貫注於眼前的
世界，所以結果它成為過去了。**㉒**

　　在考察人類文化的過程中，尼赫魯也批判了東方人那種以為東
方文化優越的「自我安慰」思想。有些印度人認為，在現代工業發
達的西方各國，外部發展大大地超過了內心的發展；但是在東方國

㉑　同上書，第182頁。
㉒　同上書，第182頁。

家中，我們雖然在工業方面落後，我們的外部發展很慢，但我們內心的發展就大得多。尼赫魯指出，這是一種自以為東方宗教文化發達，「自己安慰自己，並對自己的自卑感聊以解嘲的幻想」[23]。就一個民族和團體而言，必須有良好的外部環境或條件，才能產生內心的發展。一個在政治和經濟上都受人控制和剝削的民族，絕不會有內心的充分發展。

尼赫魯認為，到了近代，印度和中國的文化與西方相比，顯然是落後了。十五世紀以後，歐洲結束了其中世紀的黑暗時代，「當亞洲好像是由於過去的努力而精疲力竭、陷於靜止不前的時候，在多方面落後的歐洲正要開始巨大的變化」[24]。偉大的文藝復興運動解放了歐洲的思想，使它擺脫了宗教蒙昧主義和封建主義的桎梏，摧毀了許多神聖不可逾越的障礙。人們開始用新的思想，用客觀研究的精神向各種公認的權威發起挑戰。思想的解放促進了歐洲科學和經濟的發展，十八世紀的工業革命又使歐洲的文明進入一個全新的時代。與近代西方文明相比，印度和中國顯然是衰退了。「正當歐洲在利用和開發大自然的力量的時候，靜止而處於冬眠狀態的亞洲還是照古代傳統的方式繼續著那種依靠人力的辛苦勞作。」[25]

尼赫魯承認近代西方文化代表著一種新的生產力和新的生產關係，這種文化比代表封建生產關係和種姓制度的印度古代文化是先進多了。他曾說：

　　西方文化對印度的衝擊，就是有動力的社會和現代意識對中

---

[23]　尼赫魯：《自傳》，第430頁。

[24]　尼赫魯：《印度的發現》，第336頁。

[25]　同上書，第338頁。

古時代思想和習性相結合的停滯不前的社會的衝擊，這些思想和習性雖然在自己獨有的作風上是精細而先進的，但由於它固有局限性，所以就不能進步了 ❷ 。

因此，印度社會要想進步和發展，就應當拋棄那些落後腐朽的東西，發揚自己優秀的文化遺產；除此之外，還應當對外開放，向西方學習，學習西方近現代先進的思想文化和科學技術。

雖然尼赫魯承認西方近現代文化中有許多先進的東西，但是他又認為這種文化也有其不可克服的缺陷，如它過分強調物質的作用，而忽視精神和道德的價值，過分強調個性解放和個人奮鬥，而忽視團隊和集體的作用等等。因此，從整體上看，他認為，東西方文化各有其優勢和缺陷，兩者應當相互學習，取長補短。正如他所說：

> 印度和中國以及其他的國家都發展過它們自己的生活方式，而且給予這些方式以耐久的基礎。它們曾經設想，而且它們之中還有許多國家仍在虛妄地設想，以為它們的生活方式是唯一的方式。今天的歐洲和美洲已經發展出它們自己的生活方式，這在世界上是占優勢的，它們的人民也設想這是唯一的方式。但是，在這些生活方式之中，可能沒有一種是唯一無二的合乎理想的方式，而且每一種都可能從其他方式之中有所學習。 ❷

---

❷ 同上書，第377頁。
❷ 同上書，第745–746頁。

五、倡導發展「世界文化」

　　1949年3月16–17日，在印度勒克惱大學召開了一個題為「文化、宗教、道德與社會問題的關係」的學術討論會。身為總理的尼赫魯對此事非常關心，他專門給這次會議發去一分賀電。他在電文中說：

> 　　無論如何，我相信，我們要解決折磨當今世界的各種問題，就必須要考慮文化和道德的價值與標準。今天這個世界，包括印度在內，最顯著的特點就是，道德和文化的標準與生活的事務完全脫節。各種文化的價值逐漸喪失它們的意義，而變得黯淡失色；但粗俗化、氣量狹小以及缺乏義務和責任感，卻變得越來越明顯。❷⑧

又說：

> 　　從根本上看，這個問題不是涉及少數人，而是涉及多數人；不僅關係到印度，而且關係到整個世界。僅從一個集團，甚至一個國家的狹隘角度，都不能解決今天的任何問題。我們必須從世界是一個整體的角度來思考問題，然後再從這種高級關係中去力圖理解我們自己特殊的問題，無論它們是屬於道德的、文化的、政治的或經濟的問題。❷⑨

---

❷⑧　希塔・拉姆・賈亞瓦爾編：《尼赫魯論社會、教育和文化》，序言，第 III頁，印度，阿格拉，1965年。

❷⑨　同上書，第V頁。

從這兩段話中我們可以看出：

第一，尼赫魯作為一位政治家，格外重視文化和道德在社會生活中的作用。他雖然懂得政治和經濟的變革對社會發展的重要意義，但是他從不忽視道德和文化在社會發展中的地位和價值。他認為，獨立後的印度正處在一個急劇變化、突飛猛進的時代。在這個時代裡，許多舊的政治和經濟結構讓位於新的政治和經濟結構；當新的政治和經濟結構出現的時候，也必然要產生與之相適應的許多新的道德和文化觀念。如果舊的道德和文化觀念不能變革或更新，那麼它就會逐漸地侵蝕和破壞新的政治經濟結構，甚至使舊的政治經濟制度死灰復燃。因此，他在處理國家事務中十分重視道德和文化的問題，力求使人民培養出與新時代相適應的道德和文化觀念，以促進印度社會的繁榮和發展。

第二，尼赫魯不是單從印度的角度，而是從整個世界發展的戰略高度來看待文化的重要性。在他看來，第二次世界大戰以後國際的形勢並不安寧，雖然有許多可以促進人類進步的相互合作的機會，但是都白白地錯過了，使得世界一直處在衝突、暴力和仇恨之中。國際上分裂出兩個完全對立的陣營，在處理人類的事務中各自堅持教條主義態度，互不相讓，相互對峙。世界之所以發展到今天的這個樣子，其中一個重要的原因就是缺乏一個統一的道德和文化標準，缺乏對國際事務的義務感和責任感。因此，他認為，要解決困擾當今世界的各種矛盾，就必須要考慮到道德和文化的價值與標準問題。這種道德和文化的價值與標準，不僅關係到一個民族或國家，而且關係到整個的世界和人類，所以必須站在世界的高度來認識它。

尼赫魯站在世界的高度來認識文化問題，這反映出他作為一個世界政治家的博大胸懷和戰略眼光。其實，尼赫魯的這種思想並不

是偶然的，這與他長期以來一直認為「世界文化是一個整體」的觀
念是分不開的。按照他的觀點，世界上的每個民族都有自己的文化，
這種文化紮根於自己民族的土壤之中，並具有其深厚的根基；但是，
各個民族的文化並不是孤立存在的，而是在相互交往和影響中不斷
發展著。因此，在人類文明發展的幾千年中，沒有一個民族不與其
他的民族相交往，也沒有一種文化是純粹單一，而不受其他文化影
響的。他說：

> 一種觀念必然受其他觀念的影響，人們可以看到這些不同觀
> 念之間的作用和反作用。我想，世界上沒有一種文化是絕對
> 原樣的，純一的，不受其他文化影響的。正像沒有一個人能
> 夠說，他是屬於一個百分之百的，純粹的種族，因為在數百
> 年或數千年的過程中不可避免地會發生明顯的變化和混
> 雜。[30]

由於尼赫魯堅信世界是一個整體，所以他主張應當消除所謂的
「東方」和「西方」的觀念。在他看來，文化和思想的世界是沒有
邊界的，「東方文化」和「西方文化」的區分只是一種人為的現象。
尤其是在今天的世界上，隨著科學、交通及通訊技術的高速發展，
人類在文化上的交流日益頻繁，人類的思想也日益接近。當今時代
的一個顯著特點，就是使所謂的「東方」和所謂的「西方」相互分
離的障礙逐漸地消失了。1951年12月20日，他在新德里的一次講演
中說：

---

[30] 同上書，第98頁。

當人們用東方的觀念或西方的觀念討論人的概念時，我無論
從歷史的觀點還是從文化的觀點都對這些討論十分感興趣。
儘管我經常提到世界被劃分為東方和西方的觀念，但是，我
並不相信這種劃分，為了生存下去，我們必須消除這種劃分。
現在，整個世界在生與死的問題上是聯繫在一起的，假如世
界文明將衰退和毀滅的話，那麼整個世界也隨之毀滅。**❸**

　　從五十年代以來，尼赫魯越發相信世界是一個統一的整體，因
此他在主張發展民族文化的同時，還倡導發展一種「世界文化」或
「人類文化」。他認為，每一個國家或民族都有自己的獨具特色的
文化，這些民族文化的特色是靠本民族一代一代人不斷地發展著。
同樣地，每一個時代也有自己的文化和特定的文化方式。一個國家
或民族的文化特色是十分重要的，必須繼承並保持下去，除非它已
經不能適應時代精神的發展。但是，世界上還有一種比民族文化更
博大、更深厚的東西，它就是「世界文化」。在今天的時代裡，我
們必須發展這種「世界文化」，以促進世界逐步走向統一。1950年
1月12日，他在錫蘭大學給大學生的一次演講中說：

　　　應當採取一切手段來保持你們民族的獨特文化。但是，世界
　　上還有一種比民族文化更深厚的東西——它就是「人類文
　　化」。如果沒有這種人類文化——最基本的文化，那麼你們引
　　以為自豪的那種民族文化也就失去了真正的根基，不能使你
　　們獲得更大的利益。特別是今天，除了民族文化之外，我們
　　必須發展某種可以稱之為「世界文化」的東西。現在，人們

❸　《尼赫魯言論集》，第二卷，第383–384頁，新德里，1954年。

　　常常談論統一的世界，我相信這種談論在未來的某個時候就
　　會產生結果，否則這個世界將會分裂。我們這一代人也許不
　　會看到統一的世界，但是假若你們要為建立統一的世界有所
　　準備的話，那麼你們現在至少要思考這個問題。㉜

　　尼赫魯所說的這種「世界文化」或「人類文化」是指什麼呢？
他沒有做明確的回答，但是從他的言談話語中間我們可以判斷：這
是指各種民族文化所共同具有的東西，即人類文化的共性。在他看
來，每一種文化都有其個性和共性，它與其他文化相區別的東西，
就是它的個性或特殊性；它與其他文化所共同具有的東西，就是文
化的共性或普遍性。這種文化的共性就是尼赫魯所說的「人類文化」
或「世界文化」。因此，他把「世界文化」看作是最基本的文化，看
作是各種民族文化的根基，如果沒有這種基本的文化，民族文化也
不可能繁榮和發展。實際上，尼赫魯所謂的「世界文化」，就是指
他經常談論的那種「科學的精神和方法」、「人道主義態度」等等。
他認為，在今天的世界上之所以會產生各種矛盾、衝突、暴力和仇
恨，就是因為在處理國際事務中有一種教條主義的態度在作祟。這
種教條主義的態度使人變得氣量狹小，固執己見，互不理解，互不
合作。要克服這種教條主義的態度，就必須在世界上倡導和發展科
學的精神和人道主義的態度。他說：

　　我想，在現代世界上，我們有許多對待人生問題的態度都肯
　　定不是心胸狹隘的教條主義態度。我們有一種科學的態度、

㉜　希塔・拉姆・賈亞瓦爾編：《尼赫魯論社會、教育和文化》，第129–130
　　頁。

人道主義的態度，還可能有其他的態度，但是教條主義的態度不可避免地會使我們心胸變得狹隘起來，阻止我們看到許多我們應當看到的事情。㉝

在人類歷史上，科學的態度和方法比任何其他的態度更能改變人類的命運，更能打開未來急劇變化的大門，一直達到人們長期未達到的東西。㉞

毫無疑問，在尼赫魯看來，科學的精神和方法、人道主義的精神和寬容的精神等，代表著當今人類文化最先進的東西，是現代世界文明的精華和根基。只有大力倡導和發展這些精神，才能克服教條主義的態度，消除國際間的各種矛盾和衝突，才能增強各國人民的友誼和合作，促進世界的和平與繁榮。

　　總之，通過考察尼赫魯有關文化問題的各種論述，我們可以發現：⑴尼赫魯具有深厚的文化底蘊和廣博的學識：他不僅了解東方，而且通曉西方；不僅喜歡人文科學，而且熱愛自然科學；他能將東西方文化、人文和自然科學有機地融會起來，創造出某種新的思想或學說，來為自己的社會政治理想服務。⑵作為一個政治家，尼赫魯十分重視文化在社會生活中的地位和意義。他不僅懂得政治經濟在社會發展中的作用，而且了解文化和道德在社會生活中的價值；不僅注重繼承和發揚優秀的民族文化遺產，而且提倡學習和吸收外國先進的思想與文化。因此，他能夠較好地處理經濟建設與精神文明發展、繼承民族文化與吸收外來文化的辯證關係。⑶尼赫魯對文化問題的研究和重視，是出於現實的目的。獨立之前，他研究印度

㉝　同上書，第124頁。

㉞　G. C. 納雅克編：《尼赫魯和印度文化》，第4頁，印度，普里，1992年。

文化，是為了從中尋找出一種能把印度人民團結在一起的「印度精神」，以此來聯合印度各族人民，共同抗擊英國殖民者；獨立之後，他身為政府總理，重視各種文化問題的研究，是為了制定出適合國情的各種經濟和文化政策，以促進國家的繁榮和發展。因此說，尼赫魯的文化觀是其整個思想體系的一個不可分割的組成部分，探討他的文化思想對了解他的政治經濟思想也是極為有益的。

第六章　民主觀

尼赫魯的民主學說是其政治哲學的基本內容，亦是其建國方略的理論基礎，因而在他的整個思想體系中占有極為重要的位置。早在英國留學期間，尼赫魯就受到西方人道主義和議會民主思想的影響。在爭取民族獨立的過程中，他一直把在印度建立一個自由民主的社會作為自己奮鬥的目標。印度獨立以後，在他的領導下制定了新憲法，並實行議會民主、成人普選等一系列制度，以保證社會的民主與平等。應當說，在印度的民主化進程中，尼赫魯做出了不可磨滅的貢獻。他雖然深受西方民主思想的影響，但是他並不是照抄西方的模式，而是根據印度的國情對民主概念作出新的闡釋，創造出一套具有印度特色的民主觀點。本章將對尼赫魯民主觀的內容、特點和社會意義做一概括的論述。

一、尼赫魯民主學說的思想基礎

尼赫魯一生都在追求自由與民主。他對民主的強烈信仰和追求，不僅表現在他的各種著作和演講中，而且表現在他所制定的各種方針和政策中。為什麼尼赫魯如此強烈地追求民主呢？其根源是多方面的。但從思想根源或思想基礎的角度上看，我們認為，主要

有如下三個方面：

㈠人道主義思想激發他追求民主

尼赫魯頭腦中根深蒂固的人道主義觀念，是其追求民主政治的主要思想基礎之一。早在青少年時期，他就受到了西方人道主義思想的強烈影響。尼赫魯的人道主義主要來自洛克、孟德斯鳩、盧梭、邊沁和穆勒 (John Stuart Mill,1806–1873) 等英法近代思想家的著作，他在自己的著述中經常引用孟德斯鳩的《論法的精神》、盧梭的《社會契約論》、穆勒的《論自由》中的話。如他所言：「我的思想可能部分地紮根於十九世紀，十九世紀人道主義的自由傳統對我的影響太大了，以至於我無法完全擺脫它。」❶ 除西方思想家的影響之外，在他的人道主義中還包含著印度傳統文化的因素以及馬克思主義的影響。

尼赫魯的人道主義思想主要表現在他反對宗教神學對人的蔑視，主張尊重人的價值和能力，肯定人生的意義；反對悲觀厭世，追求人類的美好生活，對未來的理想充滿信心；反對剝削壓迫，主張建立一個自由、平等、博愛的新社會等等。在評論人的價值時，他認為，過去數千年中人類為了實現自己的理想而做出了巨大的犧牲，無論遇到什麼樣的艱難險阻，他們都沒有喪失對自身能力的信心和對最高理想的追求，這表明人類是大有前途的、不可戰勝的。他說：

> 顯然，人的因素是做任何事情的最基本、最重要的因素。人
> 的因素包含著人的各種特性、各種訓練、辦事的能力、智慧

❶　V. 薄格萬：《印度政治思想家》，第147頁，德里，1976年。

和其他，還有做事情的動機。❷

我們可以否定神，但是如果我們否定了人，把做任何事情都看作是無用的，那麼，我們的希望何在呢？❸

在論述未來理想時，尼赫魯承認，「我們追求自由的目的就是為了我們的人民獲得美好的生活」，這種美好的生活並不是少數人的，而是全體人民的。在理想的社會中，人們不僅充分享受著思想、言論和行動的自由，而且他們的生活與社會生活相互協調、相互平衡，整個社會都處於和諧、完美和統一之中。毫無疑問，就是這種人道主義思想激發尼赫魯去追求、研究民主制度，建立民主的社會。

㈡個人主義也是其民主觀的思想淵源之一

尼赫魯的人生哲學是以個人為中心的，他特別重視個人在社會的全面發展。1957年6月，他對傳記作家 M. 布萊徹說：「我相信，個人最終是有價值的，沒有一個人是不重要的。每一個人都有其重要性，他應當得到充分發展的機會。」❹他知道，個人與社會是不可分的，個人的發展也離不開周圍社會的條件，因此他希望建立一個自由平等的社會，以保證為每個人的發展提供充分的條件。

尼赫魯的個人主義思想，主要反映在他強調人的個性發展、強調人的尊嚴和人格的重要性。在他看來，個人是社會的組成部分，如果一個社會不能保證每個人的個性發展，不能維護每個人的尊嚴

---

❷ R. K. 卡蘭吉亞：《尼赫魯先生的思想》，第69頁，倫敦，1960年。

❸ 尼赫魯：《印度的統一》，第161頁，倫敦，1948年。

❹ M. 布萊徹：《尼赫魯的政治傳記》，第607頁，牛津大學出版社，1959年。

和人格，那麼這個社會就不能說是完善的。保持人的個性和尊嚴，是一個社會進步和完善不可缺少的條件。另外，他亦認為，如果為了社會的利益而忽視或犧牲了個人利益的話，那也不是民主社會所期望的真正目標。

(三)對專制主義的厭惡促使他熱愛民主

尼赫魯尊重人的價值和尊嚴，追求人的自由與平等，因此他特別厭惡和反對各種專制主義或極權制度。他認為，歷史上的各種專制主義都是維護少數人的特權，而犧牲廣大民眾的利益，使大多數人喪失了應有的尊嚴和自由。他批判專制主義說：

> 專制主義不僅以不平等為基礎，而且還要使這種不平等在每一種生活領域中永遠存在下去。它遏制著民族的創造力和新生力，束縛著人們的才幹和智能，並妨礙著他們的責任感。那些被迫在它下面受苦的人，都喪失了他們的尊嚴感和自信心。❺

在尼赫魯看來，法西斯主義是現代專制主義的一種典型代表，它是以國家或某個社會集團的利益和權力為基礎的一種極權主義。他極端厭惡法西斯主義。他認為，使人們痛心的不僅僅是法西斯主義所做出的那些有形的侵略行為，也不僅僅是那些附帶發生的令人可怕的粗野與殘忍的行為，還有他們所堅持的並高聲叫囂的那種弱肉強食、滅絕人性的理論。這種理論是與以自由、平等為基礎的民

❺ 尼赫魯：《印度的發現》（英文版），第554–555頁，牛津大學出版社，1982年。

主政治所格格不入的。有的時候，尼赫魯也批評共產主義是一種極權主義，他認為蘇聯所建立的共產主義制度常常壓制個人的自由，忽視個人的利益，並且經常採取暴力的手段來解決各種社會問題。

由此可見，紮根於尼赫魯思想深處的人道主義、個人主義以及對專制主義的厭惡，必然導致他去追求民主，研究民主，宣傳民主。他渴望通過建立一個民主的社會，來真正實現人的價值和尊嚴，充分發展人的個性，完成人類最崇高的理想。

二、尼赫魯對民主概念的解釋

尼赫魯是一位偉大的民主主義者。他雖然受到西方民主政治的強烈影響，但是他並不拘泥於各種教條之中，而是在社會實踐中對民主的概念有所發展。他在繼承西方民主觀念的同時，吸收印度傳統文化的民主因素，並且根據印度的具體國情，對民主概念做出了新的解釋。在對「民主」的闡釋上，他有一個逐步發展的過程。在民族獨立運動期間，「民主」對他來說，主要是「印度自治」或擺脫外來統治的民族自由。但是，印度獨立之後，他作為一個國家領導人，則從不同的方面解釋這個詞，並賦予它以新的內涵。如他所說：

> 民主不僅是政治的，不僅是經濟的，而且是某種思想上的東西……它包含著所有的人在政治和經濟領域中的機會均等。它包含著每個人都有發展的自由和充分發揮自己智慧和才能的自由。它包含著對他人的寬容，甚至寬容他人與你不同的觀點……民主是能動的，而不是靜止的東西……最終，它還

是一種對待我們政治和經濟問題的心理態度。 **❻**

對尼赫魯來說，民主不只是一種政治制度、一種經濟制度，而且是一種生活方式、一種社會狀態、一種精神狀態和一種行為道德。

尼赫魯的民主定義不是狹隘的、片面的，而是一個具有多方面內涵的整體概念。概括地講，他從四個方面對民主的定義進行了解說：⑴從實現個人價值的方面，他認為民主包含著個人的自由和充分發展；⑵從政治或政府功能的方面，他認為民主包含著代議制的政府、民眾主權、普遍選舉、多黨政治等等；⑶從經濟和社會結構的方面，他認為民主意味著人與人在經濟和社會上的平等；⑷從道德和心理的方面，他認為民主還包含著人們的自我修養和道德水平。

下面，我們從這四個方面闡述一下尼赫魯的民主概念：

㈠民主是實現個人的自由與發展

尼赫魯從實現個人的價值方面論述民主。他一向對個人的自由和發展給予極高的重視。在他看來，個人的自由是個人充分發展的前提，沒有自由個人就無法發展。任何限制和壓抑，都會阻礙人的發展。一個真正民主的國家應當提供各種條件，以保證每個公民有實現自身價值的自由、有充分發揮自己智慧和才幹的自由。一個損害個人尊嚴、壓制個性發展的社會，不可能是真正民主的社會。他感到二十世紀以來由於各種極權主義政權的出現，個人的自由和發展受到了威脅。他說：

今天，個人越來越多地讓位於群體⋯⋯群體很少克制自己，

---

❻ 尼拉嘉：《尼赫魯與印度的民主》，第34頁，德里，1972年。

以至於個人經常感到被強迫去做什麼事情。群體支配著個人，但是它又缺乏自己的道德心。今天，幾乎每個地方，個人都服從於群體或被群體所控制。群體是野蠻的。群體使我感到可怕。❼

因此，他反對那些只重視社會集團利益，而忽視個人權益的極權主義。

尼赫魯主張，一個民主的國家必須建立一種良好的社會結構，以保障個人的自由發展並促進其人生價值的實現。他在其名著《世界歷史的一瞥》中，多次論述到人的思想自由、寫作自由和意識自由。1946年12月13日，尼赫魯在印度制憲會議的第一次會議上提出了著名的《目標決議》，這個決議確定了印度憲法的基本方向和目標。他在這個決議中強調指出，印度將成為「主權的共和國」，這個「共和國」將保證全體人民在思想、言論、信仰、崇拜、結社、集會和行動的自由。

個人自由與社會生活是個什麼關係呢？或者說，如何處理個人自由和他人自由的關係呢？在這個問題上，尼赫魯的態度是明確的。他雖然強調個人的自由發展，但是他所說的自由，絕不是無限制的自由或絕對的自由。他認為，在一個民主社會裡個人的自由並不是無限的，這種自由要受到某種限制，以使它不會干擾其他人的自由。一個人的自由要和其他人的自由，甚至和整個社會生活相互協調、相互平衡，只有這樣，社會才會是和諧統一的。1951年，他在一次議會會議上講：

---

❼　V. 薄格萬：《印度政治思想家》，第148–149頁。

在一個民主的社會中，個人自由的觀念必須與社會自由、個人與社會群體的關係相均衡。一個人的自由不應當侵犯其他人的自由。**❽**

另外，尼赫魯還特別強調限制自由的必要性，他說：

我是一個過分的個人主義者和個人自由的信仰者，以至於不喜歡過分的組織化。然而我看得很清楚，在一個複雜的社會機構裡個人自由必須有所限制；而且也許達到真正個人自由的唯一道路，就是在社會範圍內要有一些這樣的限制。為了較大的自由的利益起見，較小的自由往往是需要受到限制的。**❾**

如何使個人的自由與社會相和諧呢？尼赫魯認為，只有通過法律的手段才能使兩者相和諧。個人的自由需要法律的保護，但個人的自由也必須限制在法律允許的範圍之內；一旦個人的自由超出了法律的範圍，那他就要受到法律的制裁。法律可以制止那些極端利己主義者的行為，以維護社會的正常秩序。他說：

法律是自由與和平的前提。**❿**

---

❽ 《尼赫魯言論集》，第二卷，第499頁，1951年5月18日尼赫魯在議會上的講話。

❾ 尼赫魯：《印度的發現》，第20頁，北京，世界知識社，1956年。

❿ 《尼赫魯言論集》，第四卷，第428頁，1959年1月5日尼赫魯在新德里的一次講話。

如果一個社會不是在法律的管轄之下生活，那麼它將是無法無天的。法治能夠約束一個社會。**⑪**

㈡政治的自由平等是民主的基礎

尼赫魯從政治的角度論述民主。他認為，政治的自由和平等是人民最基本的權利。政治的自由和平等是基礎，其他的平等都是建立在政治平等之上的。如他所說：

> 政治自由或政治平等是基礎，只有在政治平等之上你才能建立起其他的平等。與此同時，如果經濟上存在著嚴重的不平等，那麼政治的平等也不會有意義……但是，政治平等是其他平等的基礎。**⑫**

尼赫魯著重從如下幾個方面闡述政治的民主：

1.民眾主權

尼赫魯強調人民的主權在民主社會中的作用。他認為，在一個民主的國家裡國家的權力是屬於人民的，國家和政府使用權力的目的最終是為著人民的意志和利益。他說：「我們所承認的唯一的最終權威和最高的權力就是人民的意志，最終起作用的唯一的事情就是人民的利益。」**⑬**那麼，人民的權力如何體現出來呢？尼赫魯認為，表達印度人民願望的最重要的途徑，就是通過制憲會議來制定一部體現人民意志和權利的新憲法。首先，通過民眾選舉的辦法選舉出

⑪　同上書，第425頁。

⑫　尼拉嘉：《尼赫魯與印度的民主》，第42頁。

⑬　尼赫魯：《印度的統一》，第31–32頁，倫敦，1948年。

制憲會議的代表；然後，必須組織好制憲會議，最大限度地代表民眾，制定出一部體現人民意志的憲法。他說：「制憲會議不是單純指一個一起起草憲法的所謂領導者的團體。制憲會議背後的全部意義在於：它必須是由具有成人選舉權的男人和婦女共同選舉出來的，因此它必須是民眾的真正代表……」❹在尼赫魯看來，通過制憲會議來制定新憲法，就是通過民主的方式解決印度政治和社會問題的唯一途徑。1946年12月印度制憲會議在新德里成立，經過三年的努力，1949年11月26日憲法草案被制憲會議正式通過，從此印度新憲法誕生。

民眾的主權還表現在人民有權對政府的行為進行監督，當然，人民的這種權力只能通過他們選舉出的代表來表達。按照印度新憲法的規定：國會的議員是人民選舉出來的，國會有權修改憲法並有權監督政府。政府的一切重大政策一定要得到國會的批准，政府各部部長有責任就重大問題向國會報告，並回答議員的質詢。國會有權通過對政府的不信任案，迫使不負責任的政府辭職。在尼赫魯看來，在一個民主的社會中政府必須按照人民的意願行事，它只是「人民意志的反映者」；如果政府不能反映人民的意志，人民就有權改變他們的政府。

2.成人選舉權

尼赫魯認為：「選舉是民主政治程序中重要而不可分的一部分，是不能捨棄不用的。」❺在他看來，人民參政的權力只有靠選舉來體現，通過選舉可以反映出全體選民對國家重大事務的觀點，也可以使選民選出他們信任的代表。政治的民主就是建立在人民對國家大

---

❹ 尼拉嘉：《尼赫魯與印度的民主》，第42頁。

❺ 尼赫魯：《印度的發現》，第68頁。

事、對選舉代表的濃厚興趣之上的。

尼赫魯知道選舉也有其弊病，並不是每一次選舉人們都能成功地選出反映自己意願的代表。那麼，如何克服選舉中的弊病呢？他認為，克服弊病的一個重要方法，就是擴大選舉人的範圍，採取成年人選舉制。1937年，英國殖民當局為了部分滿足印度人民在政府中享有自制權的願望，依據「印度政府組織法」，曾經允許印度舉行省區選舉。尼赫魯以國大黨主席的身分參加了這次選舉。根據這次選舉的經驗，他相信，凡是選舉弊病較多的地方，都是那些選區比較小，選舉權受到財產多少和教育程度限制的地方。因此，他認為，只有沒有任何限制地給一切人以充分的選舉權，這樣的民主才能代表絕大多數人民的意志。

尼赫魯所謂的「成人選舉權」，就是說，凡是成年人，不分男女，不受任何財產資格和教育程度的限制，一律都具有選舉權。在他看來，由於財產少和教育程度低而剝奪一批人的選舉權是不合理的，那些不識字的農民可能比受過教育的知識分子在農村的問題上更具有發言權。對此，他有一段很生動的話：

> 我對於放寬選舉名額比對於根據財產資格或教育程度而受到限制的選舉名額更加信任。根據財產的資格無論如何是不好的；至於根據教育程度自然合乎願望而且必要，但是我沒有在一個學者或稍受教育的人身上發現任何特殊的品質，可以比一個健壯不識字的然而在一定範圍內充滿著常識的農民更有資格值得尊重。無論如何，在農民的主要問題上，他們的意見是更重要的。我是最相信成年人選舉權的，男男女女都應該有……❶

3.負責任的政黨

尼赫魯認為，在民主政治中政黨的作用是不能忽視的。一個組織良好的、對人民負責任的政黨，無論對於政府，還是對於選民，都是不可缺少的。因為民選的政府都是通過政黨來組織，通過政黨來行使權力的，所以一個對人民負責任的政黨對於組織好政府、管理好國家是十分必要的。各個政黨在競選之中把自己的綱領公布於眾，並且宣傳自己綱領的優點以及其他政黨綱領的不足，這樣就可以幫助選民做出自己的選擇，並促使他們監督各政黨綱領的實行。因此，尼赫魯強調政黨在民主政治中的重要性。他說：

> 個人，無論有多大的能力，都不能代表或聯繫人民，而一個組織良好的政黨，只要其發揮政黨的作用，就能與廣大民眾相聯繫，它就能夠指導人民，影響人民的思想，反過來它也受人民思想的影響。⑰

此外，他還認為，一個社會中有各種不同的觀點和意志，這些觀點和意志只能通過多個政黨才能充分表達出來。因而他贊成多黨制，認為當一個政黨執政時，其他政黨進行監督是完全必要的。

㈢民主包含著經濟與社會的平等

尼赫魯亦從經濟和社會的角度論述民主。他雖然認為政治上的自由平等是重要的，但是他又指出，要實現真正的民主，光有政治

---

⑯　同上書，第68頁。

⑰　《印度教徒報》，1951年11月28日，轉引自尼拉嘉：《尼赫魯與印度的民主》，第45頁。

上的自由平等，還是遠遠不夠的。如果一個人沒有經濟上的平等權，那麼這種政治平等也會伴隨著投票的結果而化為零。他說：

> 在那些絕對貧窮的地方，自由就變得無足輕重了……如果由於貧窮或其他原因，你甚至沒有能力使生活過得有價值，那麼一切其他的自由就更不算數了。[18]
>
> 真正的自由最終來自政治的自由和經濟的自由……但是，關鍵就在這裡。在經濟方面和政治方面之間可能是有衝突的……在那些被奴役的和不發達的國家裡，有千百萬人處於飢餓和貧困之中，這些人對美好食物或經濟福利的興趣要比對某些假設的政治自由的興趣大得多。[19]

這兩段話清楚地表明：在尼赫魯眼裡，經濟的平等與政治的平等同樣重要，沒有經濟上的平等，政治上的自由平等就毫無意義。因此，他的結論是：「真正的自由不僅僅是政治的，而且必須是經濟的和精神上的。只有到那個時候，人才能夠發展並實現自己的尊嚴。」[20] 為了實現經濟上的平等，他主張把民主政治與社會主義的經濟平等結合起來，建立「民主社會主義」的社會。

尼赫魯還談到社會平等的重要性。他認為，人的平等權利包含於生活的各個方面——政治的平等、經濟的平等、社會的平等和文

---

[18] 《尼赫魯言論集》，第四卷，第182頁，1962年3月5日尼赫魯在新德里的一次講話。

[19] 尼拉嘉：《尼赫魯與印度的民主》，第41頁。

[20] 《尼赫魯言論集》，第二卷，第86頁，1952年12月15日尼赫魯在議會上的講話。

化的平等等。生活是一個整體，生活的各個方面是相互影響的；假如一個人在社會方面享受不到平等的權利，那麼也會影響到他在政治和經濟方面的平等權利。因而，在民主的概念中，社會的平等也是不可忽視的。尼赫魯所追求的「社會平等」，就是指「機遇均等」，即每個人不分民族、宗教、種姓和膚色的差別，都能獲得充分發展自己的同等機遇。在他看來，今天的印度社會中還存在著許多的社會差別和歧視，如教派之間的歧視、種姓之間的歧視以及對山區部落民族的歧視等等，這些社會的不平等嚴重地阻礙著印度的民主進程。他批判印度教的種姓制度是一個阻止社會平等和進步的障礙。他說：

> 在今天的社會組織中，種姓制度及其相關的許多東西是完全不協調的，反動的，局限的，並且是進步的障礙。在它的體制之內是不可能有地位上和機會上的平等的，也不可能有政治上的民主，更不可能有經濟上的民主了。❷

為了促進印度的社會平等，尼赫魯領導的政府採取了各種措施，以消除社會差別和歧視，保護低級種姓和落後民族的地位和利益。

(四)民主也是公眾的自我修養

尼赫魯還從道德的角度論述民主。他認為，民主最終乃是實現人生價值的一種手段或方法，因此在民主的概念中除了包含個人自由、政治和經濟的平等之外，還應當包含廣大民眾的自我教育和自我修養。他所說的「自我修養」，是指廣大民眾都必須接受必要的

---

❷　尼赫魯：《印度的發現》，第329頁。

教育，自覺地進行訓練和修養，從而提高全社會的道德和精神的水平。在他看來，民主在本質上需要高質量的人，需要自我修養高的人；在一個道德水平不高的社會中，是不可能實現真正的民主的。因此，高尚的道德和精神修養乃是民主社會不可缺少的東西。例如，在意見不統一的情況下，經過討論以後，少數人的觀點應當服從多數人的觀點，這就是高尚道德修養的表現。所以，他說：

> 你可以從一百個方面給民主下定義，但是其中肯定有一個定義就是民眾的自我修養。被迫的訓練和自我的修養越充分，民主的發展水平就會越高。㉒

尼赫魯認為，自我修養中包含著一種美德，即寬容的精神。在民主社會中，人民有權自由地發表意見，自由地進行討論。但是，只有當人們都具有寬容的精神，能夠寬容地對待相互的觀點的時候，他們才能夠享受到這種自由討論的民主權利。因此，沒有自我修養和寬容精神，是不可能實現真正的民主的。故而，尼赫魯說：

> 民主意味著寬容，不僅要寬容那些贊同我們意見的人，而且要寬容那些反對我們意見的人。㉓
> 民主需要修養、寬容和相互尊重。自由需要尊重別人的自由。在民主制度中，任何變革都是通過相互的討論和說服，而不是通過暴力的手段。㉔

㉒　V. 薄格萬：《印度政治思想家》，第153頁。

㉓　尼赫魯：《獨立和獨立之後》，第13頁，印度政府出版局，1949年。

㉔　拉菲克·扎卡里亞：《尼赫魯研究》，第483頁，孟買，1964年。

三、尼赫魯民主觀的特點和意義

通過尼赫魯對民主概念的解釋，我們可以看出，他的民主觀是以人道主義思想為基礎的，它既包含著西方資產階級的「自由、平等、博愛」和民主政治的內容，也吸收了社會主義的消滅貧窮、保證經濟平等的因素，還摻入了印度傳統文化中自我修養和自我淨化的思想。所以，他的民主觀是一種融會東西方思想、社會主義和資本主義的綜合型民主觀。

具體地說，尼赫魯的民主觀念有如下幾個特點：

㈠民主是一個綜合的概念

尼赫魯的民主觀是以個人為核心的。他相信，真正民主的社會，能夠保證每個人的自由與平等，能夠給每個人以充分發揮自己才幹的機會。因此，他的民主觀念包含在人生的各個方面中，如政治、經濟、社會、文化上的民主等。在他看來，政治的民主，意味著每個公民都有選舉和被選舉權，都有參政的權利等；經濟的民主，意味著公正地分配社會財富，保障民眾的物質生活福利等；社會的平等，意味著人與人之間沒有以民族、種姓、信仰、財產、地位為基礎的差別，人人都能享受到同等發展的機遇；文化的民主，意味著人人都能接受教育、掌握文化知識，每個人都能嚴於律己，寬於待人，提高自我修養和道德的水平。各個方面的民主是一個整體，相互關聯，相互影響，缺一不可。所以，尼赫魯的民主概念是一個綜合的全面的概念。民主對他來說，不僅僅是一種政治制度或經濟結構，而且是一種社會形態、一種生活方式、一種精神道德狀態。他

說：

> 正如我理解的那樣，民主是指某種比政府體制和平等法律本身更為廣泛的概念。從本質上說，它是一個人生價值和道德標準的體系。你是民主的還是不民主的，取決於你作為一個個人或集團是如何行動和思考的。㉕

(二)民主是一個發展的概念

尼赫魯是從辯證的觀點解釋和運用民主的，他認為民主是一個發展變化的，而不是靜止的概念。一個有生命力的真正的民主，必然能適應時代和環境變化的需要。在他看來，現在的時代變了，十九世紀的一些民主概念已經不夠用了。隨著科學技術的發展和民眾對物質福利的追求，現在的民主制度決不是簡單的議會民主，它必須能夠解決廣大民眾的貧窮、飢餓、失業以及文盲的問題；如果不能解決這些問題，這種民主也是空洞的、毫無意義的。另外，隨著地點的變化，民主的概念也有所變化。尼赫魯自己雖然深受西方民主思想的影響，但是他並不是把西方的民主原封不動地搬到印度來，而是根據印度的國情，因地制宜地運用民主的概念。例如，印度是一個多種宗教並存、教派鬥爭異常激烈的國家。多數派宗教和少數派宗教經常為一些意見分歧而發生衝突。在這種情況下，尼赫魯認識到少數服從多數的民主概念就不完全適用了，他主張應當保護少數派宗教和少數民族的地位和利益。因此，他說：

㉕　同上書，第483頁。

在一個像印度這樣巨大和多樣性的國家內，把全部權力交給
一個多數派，在一切事情上抑制或否定各少數派集團的主張
——這種簡單類型的民主制度，即使能夠建立起來，也不是
令人滿意的或值得想望的。❷

㈢民主是一種保持社會平衡的最好方法

尼赫魯把民主制度看作維持社會和諧、調整矛盾衝突的最好途
徑。他認為，在民主的社會中，人人都具有較高的自我修養、道德
水準和社會責任感，整個社會中充滿著合作的精神、寬容的精神和
相互理解的精神。每個人都知道個人權利和社會義務的關係：一個
人既有享受自由平等的權利，也有遵守紀律、為社會做貢獻的義務，
兩者相輔相成、缺一不可。他們懂得個人的自由必須與社會的自由
相協調，個人的利益必須與團體的利益相平衡，個人的權利必須與
他所盡的義務相一致。如他所說：「在一個社會組織內，一個人不
能與其他的人相分離。一個人的權利必須與他對社會組織的義務相
平衡。沒有義務，也不可能有真正的權利。」❷隨著人們修養和道德
水準的提高，社會的矛盾和衝突也逐漸減少。即使出現了矛盾和衝
突，民主社會所依賴的解決方法，也是通過法律和和平的手段，而
不是通過暴力的手段。在尼赫魯看來，通過法律和和平的手段要比
通過暴力的手段好得多，因為通過暴力的手段只能加大雙方的仇恨
和衝突，而不能真正地解決問題。所以，他說：「對我來說，民主

---

❷　尼赫魯：《印度的發現》（英文版），第384頁，牛津大學出版社，1988
年。

❷　尼拉嘉：《尼赫魯與印度的民主》，第37頁。

就是試圖通過和平的手段解決問題。在我的思想中，如果沒有和平的手段，也就不會有民主。」㉘

綜上所述，我們可以得出結論：尼赫魯不僅在理論上，而且在實踐上都是一個偉大的民主主義者。他對民主的最大貢獻就在於，他不僅對民主的觀念和價值作出了新的解釋，而且把這些觀念應用於印度的社會實踐中，使這個剛剛獨立的國家初步建立起民主的體制。正如《尼赫魯與印度的民主》一書的作者尼拉嘉所說：

> ……毫無疑問，如果沒有尼赫魯，印度的民主制度就不可能形成今天這樣清晰的模樣。在種姓主義、教派主義、貧窮、飢餓、疾病、無知泛濫的這種最不利的條件下，他能夠轉變印度社會的保守觀點，創造出有利於社會改革的新氣候，能夠通過議會迎來計劃發展的新時代，能夠保持言論、思想、表達的自由，能夠允許各種不同的政黨以民主的方式發揮作用，能夠促進消除文盲的禍根、把知識的曙光傳播到印度的各個黑暗的角落，能夠使五億人民有能力管理好自己。㉙

確切地說，在印度的民主化進程中，尼赫魯的主要功績還不是表現在他對民主觀念的解釋上，而是表現在他如何衝破各種阻力，將民主的觀念轉化成各種法律和政策，貫徹到印度社會的各個領域中。尼赫魯擔任了十七年的印度總理，在這十七年中他一直想通過民主和法治來治理國家。因此，他竭盡全力將自己的民主思想應用

㉘　《尼赫魯言論集》，第三卷，第139–140頁，1956年2月25日尼赫魯的講演。

㉙　尼拉嘉：《尼赫魯與印度的民主》，第262頁。

於印度的各個方面 ── 政治領域、經濟領域、社會領域和文化教育領域等。例如，在政治領域，在他的領導下印度制定出新憲法，確立了議會民主制、成人普選制及民眾的各種自由權利等。在經濟領域，實行「土地改革」、「混合經濟」、「經濟計劃」等，以促進生產力的發展、保障民眾的經濟民主。在社會領域，推行各種世俗主義的政策，以消除各宗教、種姓和民族之間的差別，保證民眾的社會平等權利等。獨立初期，印度是一個經濟和文化上都十分落後的國家，各種封建殘餘、宗教仇恨、種姓歧視、社會偏見嚴重地阻礙著印度的民主化進程。在這種情況下，尼赫魯能夠克服各種艱難、排除一切責難和阻力，在印度推行和貫徹他的民主思想，並在印度初步建立起民主的制度。僅從這一點而言，尼赫魯在印度歷史上也是功不可沒的。

第七章　社會主義觀

在尼赫魯的思想體系中，他的社會主義思想占有十分重要的地位。尼赫魯從青年時代起就尋求救國救民之真理，探索印度獨立、民主、富強的道路，在這種艱難的探索中他找到了社會主義，並把社會主義視為解決印度問題，解決印度落後、貧窮和社會不平等的重要途徑之一。在擔任總理期間，他還把他設計的「社會主義類型的社會」在印度進行試驗，付諸實踐，並取得了顯著的成果。但是，應當指出，尼赫魯的社會主義並不是正統馬克思主義的社會主義，而是一種具有印度特色的社會主義。雖然他的思想曾受到馬克思主義的深刻影響，但是他並沒有完全接受馬克思的理論，而是在部分吸收馬克思的社會主義理論的基礎上，將它與西方資本主義以及甘地主義等思想相結合，創造出他自己的一套獨具特色的社會主義觀。本章擬對尼赫魯接受社會主義觀點的過程，其社會主義思想的基本內容、核心、本質及社會影響做一概略的評述。

一、尼赫魯社會主義思想的發展歷程

在印度傳播社會主義的過程中，尼赫魯並不是先驅者，有許多人走在他的前面，他是發展得比較晚的，並慢慢地進入這一領域。

如他所說:

> 在印度的社會主義運動中我並不是先鋒隊。事實上我相當落
> 後，我只是痛苦地，一步一步地向前進，而同時許多其他的
> 人則勇往直前，開闢了一條道路。❶

尼赫魯接受和傳播社會主義思想，有一個長期而曲折的發展過
程。概括地說，可以分為如下五個階段：

㈠在英國留學時期，初步接觸社會主義思想

1905年，尼赫魯赴英留學，首先在倫敦哈羅公學讀書。1907年
他考入劍橋大學三一學院，1910年畢業後，又在倫敦學習兩年法律，
1912年歸國。無論是在劍橋大學，還是在倫敦學習法律期間，尼赫
魯的愛國熱情和民族主義精神都使他對政治和社會主義學說非常感
興趣。當時，他聽了許多英國進步思想家的講座，如蕭伯納(George
Bernard Shaw)、羅素(Bertrand Russell)、凱恩斯(J. K. Keynes)等等，
還閱讀了許多有關社會主義和各種政治運動的書籍。在這期間，他
開始接觸到在英國流行的社會主義思潮。從廣義上講，他當時的社
會主義思想主要來自兩個方面 ：一個是費邊社會主義 (Fabian
Socialism)，另一個是稍有些激進的社會主義觀念。所謂「費邊社
會主義」，又稱「地方公有社會主義」，是二十世紀初期在英國流行
的一種社會改革思潮。這種思想是由一個社會組織——費邊社所提
出，主要代表人物有蕭伯納、韋伯等。他們主張用和平的、漸進的
方法進行社會改革,首先通過選民投票民主選舉地方自治的市政府，

---

❶　尼赫魯:《自傳》，第207頁，北京，世界知識社，1956年。

然後市政府再逐步掌握土地和水、電等公共事業的所有權，把土地和產業資本轉為社會所有，使資本主義和平過渡到社會主義。從那時候起，尼赫魯就與英國作家、費邊社會主義的代表人物——蕭伯納有交往，蕭伯納對他的思想發展曾有重要的影響。後來，他在給蕭伯納的一封信中寫道：

> 像我們這一代的許多人一樣，我們是在閱讀您的作品和書籍中成長起來的。我想，正像我今天這個樣子，我本身的一部分就是由這種閱讀所塑造出來的。❷

在英國讀書期間，青年的尼赫魯懷著一股愛國激情和追求社會平等的願望，已經開始接受社會主義思想。但是，他當時還僅僅是從知識上或學術上去了解社會主義，並沒有接觸到社會實際。他腦子裡的社會主義觀念還是模糊的、人道主義的、烏托邦的。可以說，其浪漫主義的因素往往大於科學的因素。

(二)深入農村，體察國情，加深對社會主義的了解

回到印度的頭幾年，尼赫魯對國內民族主義運動的形勢很不滿意。1916年12月，在國大黨勒克瑙會議期間，他與甘地第一次會面。起初，他對甘地在南非所取得的政治成果還覺得「十分遙遠」，但是到了1919年，甘地開展堅持真理運動否定了殖民當局的羅拉特法案之後，他對甘地的景仰之情才不斷增長。1920年甘地在印度發動了第一次非暴力不合作運動，尼赫魯辭去了律師職務，積極投身於運動之中。當時，到農村去發動農民大眾，是運動的重要內容。

---

❷　V. T. 帕蒂爾編：《尼赫魯思想的探索》，第49頁，新德里，1992年。

1920-1921 年，他在甘地的影響下，不辭辛苦，經常到各地農村走訪，向農民發表演講。在接觸農民的過程中，他親身體察到印度的國情和廣大民眾的疾苦，從而感到自己肩上的責任，並且從實踐中認識到在印度實行社會主義的必要性。

當尼赫魯了解到印度農民的生活和願望時，他寫道：

> 他們對我們懷著滿腔熱情，用求助的動人眼光看我們，似乎我們帶來了好消息，引導他們進入想望之地。我看著他們，看到他們的愁苦和洋溢著的感激的神情，不由得充滿了慚愧和悲哀。慚愧的是我自己過著安樂舒適的生活，我們城市中人抱著狹隘的政治見解，把這許多衣不遮體的印度兒女不放在眼裡。悲哀的是我感到印度的退化及其嚴重的貧苦。一幅印度的新景象似乎出現在我的眼裡——飢寒交迫，受人壓迫，痛苦萬分。農民們對於我們這幾個從遙遠的城市來的訪問者的信任不由得使我惶恐起來，我覺得重大的新責任落在我的肩頭上了。❸

這是當時尼赫魯心情最真實的寫照。一個長期過著優裕生活並脫離社會實踐的革命青年，一旦深入到農村，體驗到廣大農民的疾苦時，便產生出一種強烈的責任感。這種責任感，一方面激發了他的那種反帝反英的民族主義感情，另一方面也鼓動他對主張消滅剝削和社會不平等的社會主義思想的追求。尼赫魯曾說：到農村考察，再加上讀各種新書，又重新激起了他頭腦中的社會主義思想，他感覺到要解決印度的貧困和社會不平等，社會主義是不可缺少的。如

❸　尼赫魯：《自傳》，第59-60頁。

果說在第一階段尼赫魯對社會主義的了解僅僅是知識性的，那麼在第二階段他則更多地是從社會實踐中來體會和認識社會主義學說。

㈢訪問歐洲和蘇聯，使其對社會主義的認識提高一步

1922 年，甘地因一個小村莊──曹里・曹拉村發生的暴力事件，中止了在全國開展的第一次非暴力不合作運動，從而使印度的反英鬥爭走向低潮。尼赫魯對當時國內的政治形勢困惑不解，為了尋求救國的真埋，他決定到歐洲去考察。1926–1927 年，他在歐洲考察了一年零几個月，走訪了瑞士、意大利、法國、英國、德國、比利時和蘇聯等，了解了歐洲各國的政治和經濟形勢，以及國際勞工運動的情況。在訪歐期間，有三件事情對提高尼赫魯的社會主義思想有重要影響：

其一，1926年英國的德比郡礦區爆發了工人大罷工，尼赫魯在瑞士聽到消息後，便訪問了英國的德比郡礦區。在那裡他看到了罷工失敗後工人堅持鬥爭的情景，以及全國、全世界工人運動對他們的同情和支援。他認識到英國的礦工具有強大的力量，是因為他們有強大的工會組織，並且與全世界的工會運動有著密切聯繫，這正是印度工人運動和英國工人運動的區別。對德比郡的訪問，促使尼赫魯從狹隘的民族主義和地方觀點向社會主義和國際主義轉化。

其二，1927年2月，尼赫魯參加了在布魯塞爾召開的「全世界被壓迫民族大會」。在會上他代表國大黨做了長篇演講，接觸了許多具有社會主義思想的代表，獲得了大量有關西方勞工世界、殖民地和非獨立國家的情況和資料。在這次會議的影響下，尼赫魯認識到自己過去單純爭取印度政治自由的觀念還是不夠的，只有讓這種

政治自由導致經濟和社會的平等,那才是真正的民族主義。另外,他也認識到世界各國的民族主義運動與社會主義和共產主義運動有著某種聯繫,它們有結成反帝大同盟的可能性。因此,他說:

> 我同情第三國際所領導的勞工運動……因此我自然而然地懷著善意,轉向共產主義。因為儘管共產主義有缺點,至少它不騙人,它不是帝國主義。❹

其三,1927年11月,尼赫魯和他的全家——父親、妻子和妹妹訪問了蘇聯。他在蘇聯停留的時間雖然不長,但是他看到了蘇聯工業的發展和社會的巨大變化,這一切都給他留下深刻的印象,對他以後思想的發展產生了深遠的影響。

尼赫魯的這次歐洲之行,使他的精神振奮起來,使他從出國前的彷徨苦悶狀態解脫出來,也使他對社會主義的認識大大地提高一步。此時,尼赫魯已經是在鬥爭實踐中經過鍛鍊的民族運動領導人,他帶著在實踐中出現的各種問題到國外來尋找真理,因此他不僅能從理論上,而且能從實踐上來認識歐洲的社會主義運動,從而對社會主義產生新的理解。許多評論家認為,訪問歐洲之後,尼赫魯的社會主義立場越來越顯著,越來越堅定。

㈣三十年代,是其社會主義思想發展的關鍵時期

從歐洲歸國後,尼赫魯以嶄新的面貌出現在印度的政治舞臺上。他到處發表演講,宣傳社會主義和社會改革思想,還提出「印度完全獨立」的口號,作為民族運動的最高目標。尼赫魯在國大黨

---

❹ 同上書,第184頁。

內和社會上的威望逐步增高，1929年他被選為國大黨的主席，成為民族運動的主要領袖。1930年，甘地發動的第二次非暴力不合作運動，聲勢浩大，勢不可擋。英國殖民當局異常害怕，宣布國大黨為非法組織，並逮捕其領導人。此後，尼赫魯多次被捕入獄；在獄中，他閱讀了不少馬克思主義的書籍，使他的馬克思主義理論水平有較大的提高。這時，他已經能夠用馬克思主義的觀點去解釋歷史，觀察和分析現實社會的各種現象。在馬克思理論的影響下，他在獄中寫出兩部重要的著作：1932–1933年寫了《世界歷史的一瞥》，1934–1935年寫了《自傳》。

在二十年代，尼赫魯對馬克思主義進行了較深入的研究，他接受了馬克思主義的一些觀點和方法，承認馬克思主義是理解歷史和社會現象的不可缺少的指南，並且把它應用到社會實踐中。他曾說：

> 馬克思主義是解釋歷史、解釋政治和經濟、解釋人類的生活和願望的一種方法。它是一種理論，也是一種行動的指南。它是一種哲學，這種哲學評論了人生的大部分活動。❺

又說：

> 歷史對我來說，具有新的意義。馬克思主義的解釋照亮了歷史，歷史成了一場正在上演的，背後帶有某種秩序和目的(儘管是不自覺的) 的戲劇。❻

---

❺　V. T. 帕蒂爾編：《尼赫魯思想的探索》，第53頁。

❻　同上書，第53頁。

後來，他在《印度的發現》中寫道：

> 對馬克思和列寧的研究，在我心中產生了一個強有力的影響，並且幫助了我用新的見解來觀察歷史與時事，一長串的歷史和社會發展似乎有某些意義，有某些順序，而未來不是那樣看不清楚的了。❼

(五)印度獨立後，在經濟和社會生活中貫徹、實施了一些社會主義的政策

四十年代，馬克思主義對尼赫魯的影響有所減弱，他對社會主義的興趣也不像以前那樣濃厚了。印度獨立以後，尼赫魯擔任首屆總理，復興民族和國家的重任落在了他的肩上。為了發展生產、提高人民生活水平、保證社會公正平等，他在經濟和社會生活方面制定和實行了許多類似社會主義的方針和政策。1954年，尼赫魯訪問了中國，中國的建設成果給他留下深刻的印象。在中國的影響下，為了適應國內外政治鬥爭的需要，他於1955年提出了在印度建設「社會主義類型社會」的目標。六十年代，尼赫魯在逝世之前還提出了「民主社會主義」的觀念。獨立之後，尼赫魯的社會主義思想主要表現在他所制定的各種政策上，尤其是在經濟領域。這些政策有：

1948年4月，尼赫魯領導的印度政府頒布了第一個工業政策決議，在決議中確定了在印度實行「混合經濟」的方針。這個決議把

---

❼ 尼赫魯：《印度的發現》，第20頁。

印度工業分為三類：第一類工業只能由國家占有和管理，包括武器、彈藥和原子能的生產以及鐵路的經營管理；第二類工業可以由國家經營，也可以由私人經營，是國家企業和私人企業並存的領域，這個領域包括鋼鐵、煤炭、石油、飛機製造、造船、郵電等工業；第三類是私人資本可以自由經營的工業，但這些工業也要受到國家的某種調配和控制。「混合經濟」的政策，體現出尼赫魯融合社會主義和資本主義的經濟發展戰略。

1950年，印度政府成立了國家計劃委員會，尼赫魯親自擔任該委員會的主席，長達十三年之久。他每個月都會見計劃委員會的成員，參加所有重要的決策會議，參與制定經濟發展規劃。1951年7月，國家計劃委員會制定出第一個五年計劃草案。這個草案貫徹了尼赫魯發展「混合經濟」的思想，規定了公營企業和私營企業的投資比例。它也體現出尼赫魯希望通過計劃委員會制定經濟計劃，來達到合理利用資源，協調工業發展，迅速提高生產力，實現經濟民主的願望。

1955年1月，國大黨在馬德拉斯市附近的阿瓦迪(Avadi)召開年會，在這個會議上通過了尼赫魯提出的在印度建設「社會主義類型社會」的決議。這個決議正式把「社會主義類型社會」確立為印度發展的目標。它指出：國營企業必須在國民經濟中發揮越來越大的作用，尤其是在基礎工業領域；私營企業在一些領域還繼續起著重要的作用，不應忽視；實行經濟計劃，促進生產發展，保證公平分配社會財富等等。

1956年，印度政府公布了第二個工業政策決議。這個決議的基本內容，就是具體貫徹和實行尼赫魯建設「社會主義類型社會」的方針。

1958年8月15日，尼赫魯在《經濟評論》雜誌上發表了一篇重要文章，題為「基本方法」(The Basic Approach)。在這篇文章中，尼赫魯勾畫出他所想望的社會主義社會的基本輪廓。他認為，在這個社會裡經濟迅速發展，生產力不斷提高；社會能為每個人都提供同等的機遇，每一個人都能全面完善地發展；公平地分配社會財富，每一個人都能在政治上，而且在經濟上享受平等；生活的法則就是合作，人們的道德和精神水平大大提高；不是採用暴力，而是通過寬容和和平的方式解決社會和經濟的變革等等。

1964年1月，尼赫魯在國大黨的布巴尼斯瓦(Bhubaneswar)會議上又提出了「民主社會主義」的觀點，主張在印度應當把民主的方法和社會主義的目標結合起來，建立「民主的社會主義」。

以上所述，是尼赫魯社會主義思想發展的五個階段。從青年時代尼赫魯開始接觸社會主義思潮起，到三十年代運用馬克思的社會主義觀點觀察和分析歷史和現實，一直到其晚年提出要建立「社會主義類型社會」和「民主社會主義」等，這經歷了一個長期而複雜的過程。這個過程既反映出世界政治風雲對尼赫魯思想的影響，也反映出尼赫魯世界觀的逐步演變和形成。

二、尼赫魯的「社會主義類型社會」

經過多年的思考和實踐，尼赫魯終於在1955年提出了建設「社會主義類型社會」的理論。這個理論是尼赫魯社會主義思想最集中的體現，它也是尼赫魯將他所理解的社會主義與西方資本主義、印度的甘地主義相結合的產物。應當說，他的「社會主義類型社會」既不是馬克思主義所主張的社會主義，也不是歐美國家所實行的資

本主義，而是一種具有印度特色的社會主義和資本主義的混合物。

到底「社會主義類型社會」是指什麼呢？1956年，尼赫魯在一次演講中解釋道：

> 我們說，我們的目標是建設社會主義類型的社會。我沒有確切地提出社會主義的內容是什麼，因為我想避免任何僵死的或教條的思想。在我的一生中，我已經看到了世界發生如此之大的變化，以至於我不想把我的思想限定在任何僵死的教條中。那麼，從廣義上講，當我們說「社會主義類型的生活」時，是指什麼呢？我們是指那樣一個社會，在這個社會裡每個人都有同等的機遇，都能過美好的生活。顯然，如果我們不能創造出達到美好生活標準所需要的財富，那麼這個社會是不能實現的。因此，我們必須強調平等和消除各種差別，必須時刻記住社會主義並不是傳播貧窮。最根本的事情，是必須擴大生產和增加財富。❽

從這段話中我們可以看出，尼赫魯並沒有給他的「社會主義類型社會」下一個明確的定義，而且也不準備提出明確的定義，因為他不想使他的思想限定在僵死的教條中。但是，在這裡他對「社會主義類型社會」有一個概括的籠統的解釋：第一，這個社會必須是平等的，每個人都能享受同等的機遇，並且過美好的生活；第二，這個社會必須不斷地發展生產，增加財富，以保障人民的美好生活。

雖然尼赫魯對「社會主義類型社會」沒有下確切的定義，但是通過他的各種講話以及他所制定的各種政策，我們可以分析出其「社

---

❽　薩維帕里‧高帕爾編：《尼赫魯文選》，第313頁，德里，1980年。

會主義類型社會」的基本內容。這些基本內容集中地反映出他的社會主義思想。為了說明尼赫魯的社會主義思想，下面我們概括一下「社會主義類型社會」的基本內容：

1.實行「混合經濟」——公營經濟和私營經濟並舉

尼赫魯懂得，要建立一個公正平等的社會，就必須加速發展生產力和不斷地擴大社會財富。只有在生產力發達和社會財富大大豐富的基礎上，才能保障人人都有同等的機遇並過美好的生活。那麼，如何發展社會生產力呢？尼赫魯根據印度的國情，把實行「混合經濟」的政策作為發展印度經濟和社會生產力的基本戰略方針。

獨立初期，印度政府從英國殖民者手中接受了鐵路、郵電、港口和軍火等企業，這是印度最早的公營經濟。當時，尼赫魯政府曾打算用高額補償金的辦法將一些私人大企業收歸國有，以組成一定規模的公營經濟。對此，一些私人企業家反應強烈，他們放慢或停止了投資，因而導致生產下降。政府馬上向這些企業家說明國家並沒有制定國有化的計劃，以此制止私營企業生產下降的趨勢。在這種情況下，尼赫魯政府制定出第一個工業政策，在這個政策中明確地提出了公營與私營經濟並舉的「混合經濟」方針。所謂「混合經濟」的方針，就是允許公私營兩種經濟部門共同存在於一個社會中，讓它們有各自經營的範圍，在發展國民經濟中各自發揮自己的作用。公營經濟主要集中於投資較大、周轉期較長、收益較少的基礎工業、重工業、交通運輸、軍火工業、公共設施、重要的金融機構等。在發展公營經濟的同時，印度政府也大力扶植私人經濟的發展，尤其是積極扶植私人大財團經濟的發展。雖然印度政府也採取一些限制私人壟斷資本發展的措施，如實行壟斷和貿易行為法、工業許可證制度等，但總的說來，扶植是主要的。

在公營經濟和私營經濟之間的關係上，尼赫魯說：

> ……公有企業部門無論在絕對方面，還是在相對方面都必須明顯地增長，甚至現在已經增長了。但是，私有企業並不是不重要的事情，它將起重要的作用，即使它逐步地或最終將會消失。公有企業將要控制，也一定能控制我們經濟上的戰略重點。私有企業，正如我們在工業政策決議中所宣布的，也會得到受到某種限制的相當廣闊的發展領域。❾

在尼赫魯看來，公營企業在印度的國民經濟中必須不斷地擴大，最終將占有主導的地位，它將控制那些主要的經濟領域和具有戰略意義的部門；政府只有通過公營企業，才能宏觀控制經濟的發展，以防止經濟上的無政府狀態，並且保證社會財富的公平分配。在發展公營企業的同時，也不應當忽視私營企業的作用；私營企業雖然不是重點，但它是對公營企業的一種補充，也將在國民經濟中發揮重要的作用。只有調動公營企業和私營企業的兩種積極性，才能真正加速經濟的發展和生產力的提高。

發展公營企業，讓它在國民經濟中占主導的地位——這是尼赫魯社會主義思想的重要表現之一。

2.制定「經濟計劃」，促進經濟發展

制定經濟計劃，以協調和促進經濟發展——這是尼赫魯一貫的思想。早在1938年，在國大黨的提議下，印度就成立了一個國家計劃委員會。它是由十五個委員加上各省政府的代表和一些願意合作的土邦代表所組成，委員中有著名的企業家、金融家、經濟學家、

---

❾　同上書，第314頁。

教授、科學家以及工會和鄉村工業協會的代表。當時，尼赫魯就被選為該委員會的主席，由於他對制定經濟計劃十分感興趣，所以他毫不猶豫地接受了這個職務。在他的領導下這個委員會制定了一個國家發展十年計劃，目標是使國家財富增長兩三倍，盡可能達到自給自足。但是，這個計劃在當時英國殖民主義統治下是無法實現的。後來，他總結道：在印度任何計劃的實現必須有兩個先決條件：一個是獲得民族獨立，排除外國控制；另一個是要有一個健全的，獲得民心的政府來組織實施。印度獨立後，尼赫魯領導的政府一開始就主張：實行經濟計劃，確保發展目標。1950年，在他的建議下，政府成立了計劃委員會，他親自擔任該委員會的主席。為了促進經濟的發展，1951年印度政府制定並實施了第一個五年計劃（1951–1956年）。在第一個五年計劃中，印度國民經濟平均年增長率為3.6%，工業生產增長25%，農業生產增長22.2%，為以後經濟的發展打下了穩固的基礎。此後，尼赫魯政府又制定並實施了第二個和第三個五年計劃（1956–1966年）。

為什麼尼赫魯對經濟計劃如此感興趣呢？在尼赫魯看來，當一個國家或政府確定了經濟發展目標以後，就必須制定一個計劃加以實施；假如沒有一個適當的計劃，那麼它的發展目標則很難實現。獨立以後，尼赫魯政府的目標是在印度建立一個「自由民主的國家」，1955年又進一步提出建設「社會主義類型社會」；要實現這些目標，政府就必須制定與之相適應的計劃和措施。其次，他認為，計劃的本質是調節各方面的工作，使之協調發展。一個政府只有通過經濟計劃，才能從宏觀上控制經濟的發展，檢查和協調各個領域和各個部門的工作，使國民經濟平衡、持續地發展，以防止經濟上的無政府狀態。其三，他認為，只有通過計劃，政府才能合理地開發和利

用自然資源，避免不必要的浪費；只有通過計劃，才能限制各種差別的增長，保證財富的公正分配，提高人民的生活水平等等。因此，尼赫魯說：

> 要實現一個社會目標，國家必須通過它的代表來制定一個計劃（盡可能和其他國家合作），協調國家的各種活動，以避免浪費和衝突，從而達到最大限度的效果。這種計劃涉及到生產、分配、消費、投資、貿易、收入、社會服務，以及相互影響的許多其他形式的國務活動。簡言之，制定計劃的目的就是要提高全體人民物質生活和文化生活的水準。❿

應當指出，尼赫魯主張經濟計劃的觀點，在很大程度上是受到了馬克思主義計劃經濟思想的影響。早在三十年代，他對蘇聯實施的五年計劃和國民經濟所取得的輝煌成就就懷著羨慕之情。但是，尼赫魯在他的各種著作和演講中只提「經濟計劃」，不提「計劃經濟」；雖然在建國以後他也制定和實施過幾個五年計劃，但是他執行的是「混合經濟」，和正統社會主義的「計劃經濟」是不完全一樣的。

　3.公平分配財富，保證社會平等

尼赫魯深知，印度是一個貧窮落後的國家，而且存在著嚴重的社會差別和不平等。如何解決這個問題呢？經過多年的實踐和探索，他才認識到資本主義不能解決印度的問題，只有社會主義才能解決印度的問題。因為社會主義主張公有制，主張消除依靠土地和資本的特權集團；只有這樣，才能公平合理地分配社會財富，縮小差別，

---

❿　同上書，第305-306頁。

保障平等。1936年4月12日，他在勒克惱的國大黨會議上說：

> 我確信，解決世界問題和印度問題的唯一辦法就是社會主義。
> 當我用社會主義這個詞的時候，我不是從含糊的人道主義的
> 意義上，而是從科學的經濟的意義上應用的。無論如何，社
> 會主義還具有比經濟原理更廣泛的意義，對我來說，它還是
> 一種人生哲學。我認為，除了社會主義，沒有其他的道路可
> 以消除印度人民的貧窮、大量失業、落後和被奴役的地位。
> 它將在我們的政治和社會結構上導致一場巨大的革命性的變
> 革，並且消除依賴土地和工業的特權集團以及封建專制的印
> 度國家制度。這意味著消除私有財產，除了有限的財產之外，
> 並且用合作服務的更高觀念來取代現存的利益制度。這意味
> 著我們在本能、習俗和欲望上的最終改變。簡言之，這是指
> 一種新的文明，一種與資本主義秩序完全不同的文明。⓫

1940年他在給一個出版社的信中說：

> 我們最緊要的問題是向印度驚人的貧窮和失業開戰，以提高
> 我們人民的生活水平。這意味著要有更多的產品，這些產品
> 必須更公正、更平等地進行分配，以使增長的財富分發到人
> 民的手中。⓬

　1955年尼赫魯提出建設「社會主義類型社會」以後，他雖然沒

⓫　同上書，第300頁。
⓬　同上書，第306頁。

能在印度消除私有制，但是他在許多場合都更加強調要給予每一個
印度公民以平等的機遇，要公平地分配社會財富，消除社會差別等
等。如他所說：

> 我們的理想是在印度建成社會主義類型的社會。我們的理想
> 是使印度的每一個男子、婦女和兒童都具有同等的機遇，消
> 除他們之間的巨大差別。這個目標是不容易達到的，因為它
> 意味著要依靠訓練、教育和許多其他的方法來完善人。**⑬**
> 從實際的觀點出發，在印度的確沒有很多的東西供人分配，
> 因為我們還是一個貧窮的國家。我們必須生產更多的財富，
> 然後平等地分配這些財富。**⑭**

4.倡導合作精神，提高民眾道德水平

尼赫魯認為，在「社會主義類型社會」中不僅要提高人民的物
質生活水平，而且要提高人民的精神和道德水準。在他看來，資本
主義社會的特點是競爭和唯利是圖，在這種社會中人和人之間的關
係是爾虞我詐、勾心鬥角，人們在精神上缺乏安全感，常常處於緊
張狀態或某種病態之中。而社會主義不僅要改造資本主義社會的經
濟和社會結構，而且要改造人們的思想意識和道德觀念。因此，在
他所倡導的社會主義社會中，人們必須培養一種合作的精神、無私
奉獻的精神、為社會服務的精神和仁愛的精神，要用這種合作和無
私奉獻的精神來取代唯利是圖、貪得無厭的思想，只有這樣人們在
精神生活上才能真正享受到歡樂和幸福。但是，尼赫魯強調，培養

---

⑬　拉菲克・扎卡里亞編：《尼赫魯研究》，第484頁，孟買，1964年。

⑭　薩維帕里・高帕爾編：《尼赫魯文選》，第310頁。

人們合作精神和無私奉獻精神的過程是一個艱難的長期的過程。如他所說：

> 關於社會主義可以說很多，但是我想強調一件事。資本主義的整個結構是以某種貪得無厭的社會為基礎的。從某種程度上說，也許貪得無厭的傾向是我們身上固有的本性。但是，社會主義社會必須擺脫這種貪得無厭的傾向，要用合作的精神來取代它。你不可能用某種法律的辦法即刻產生這種變化。這裡肯定有一個長期教育人民的過程，沒有這個過程你不可能完全成功。⑮

5.提倡民主，主張民主與社會主義相結合

在尼赫魯宣布在印度建設「社會主義類型社會」以後，他又進一步發展他的社會主義思想，主張「把民主與社會主義相結合起來」，以至於在他臨終之前又提出了「民主社會主義」的觀念。1957 年，他在一次演講中鄭重指出：

> 我們已經明確地接受民主的方式。為什麼我們要接受這種方式呢？原因是多方面的。因為我們認為，民主的方式最終可以促進人和社會的發展；因為我們要實現個人自由的偉大價值，正如我們在憲法中所說的；因為我們想使人的創造和冒險精神得以發展。對於我們來說，光生產世界上的物質財富還是不夠的。我們還要有更高的生活標準，但是不要以犧牲人的創造精神、創造能力和冒險精神為代價，也不要犧牲各

---

⑮ 同上書，第315頁。

個時代使人保持尊嚴的一切生活中最美好的東西。民主並不
單純是一個選舉的問題。擺在我們面前的問題是，如何通過
和平的、法律的方式把民主和社會主義結合起來。**⓰**

經過幾年的實踐之後，1964年1月（逝世前的幾個月），他在布巴尼
斯瓦的國大黨會議上又進一步闡述了民主與社會主義相結合的問
題，並且正式提出在印度建立「民主社會主義」的觀點。

　　為什麼尼赫魯要把民主和社會主義結合起來呢？在尼赫魯看
來，今天世界上有各種各樣相互對立和鬥爭的政治經濟體系，但主
要的是兩種：一種是資本主義，一種是社會主義，這兩種政治經濟
體系各有其優缺點。尤其是在他的晚年，他越發認為，社會主義雖
然主張經濟上的平等，但是缺乏政治上的民主；社會主義只強調集
體和國家的利益，而忽視個人的價值和自由；社會主義實行的階級
鬥爭和無產階級專政的方法，在印度是不適用的。資本主義雖然缺
乏經濟上的平等，但是它所實行的議會民主制是有價值的，在印度
還是可行的。因此，他想把兩者的優點結合起來，創造出他自己的
理論體系──「民主社會主義」。所謂「民主社會主義」，就是試圖
把資本主義的議會民主與社會主義的經濟平等思想綜合起來，融匯
為一個整體。正如六十年代他對記者 R. K. 卡蘭吉亞所說的：

　　　　從印度的經驗和試驗中可以看出，兩種對立意識形態的一種
　　　新的綜合是可以出現的，這種綜合就是通過一種新的經濟發
　　　展模式把馬克思主義的社會主義與資本主義民主制兩者的精
　　　華結合起來。**⓱**

⓰　同上書，第316頁。

6.反對暴力，主張通過和平的手段實現社會主義

　　也許是受甘地思想的影響，尼赫魯向來不贊同用暴力的手段去進行社會變革。即使是在三十年代，尼赫魯對社會主義的興趣處於最高潮時期，他對蘇聯在處理一些問題時所採取的暴力手段也是持反對態度的。例如，他在《自傳》中說：

> 我早就傾向於社會主義和共產主義，蘇聯使我很感興趣。但是，蘇聯有許多事情我不喜歡——例如殘暴地取締一切反對的意見，什麼事情都要搞成一模一樣，在執行政策時採取不必要的暴力（這是我個人的意見）。**⑱**

　　步入晚年，尼赫魯就更加傾向於採用非暴力的、和平的手段去進行社會變革。因為他認為，用暴力的手段去解決問題，只能造成人與人、團體與團體之間的仇恨和對立，即使問題解決了，也不會產生良好的結果。只有通過和平和法制的手段，才能真正地解決社會的衝突和矛盾。在實現「社會主義類型社會」的問題上，他反對馬克思主義所採用的階級鬥爭和無產階級專政的方法，而主張採取和平的、非暴力的、法制的方法。他在許多場合多次重申：

> 我們的問題是，如何通過和平和法制的方法把民主和社會主義結合起來。這也是今天印度擺在自己面前的問題……我們要做到這一點，不能靠任何強迫或強制的方法，我們必須贏得人民的贊同和合作。**⑲**

---

⑰　R. K. 卡蘭吉亞：《尼赫魯先生的哲學》，第69頁，倫敦，1966年。

⑱　尼赫魯：《自傳》，第410頁。

社會主義包含著合作和消除障礙。關鍵的事情是要記住，我們必須通過和平和合作的方式來進行變革。❷⓿

以上幾點基本上概括了尼赫魯的「社會主義類型社會」的主要內容，這些內容既體現出他的社會主義思想，也反映出其社會主義思想的某些特點。

三、對尼赫魯社會主義思想的評價

尼赫魯是二十世紀印度的一位資產階級政治家，他為什麼會接受和傳播社會主義呢？尼赫魯所宣傳和實行的社會主義到底是什麼性質的，其本質如何？他所搞的「社會主義類型社會」在印度乃至世界產生了什麼影響呢？這些問題都是值得探討的。當然，對此仁者見仁，智者見智，不同的人有不同的見解。下面，談談我們的觀點：

㈠尼赫魯趨向社會主義的原因

尼赫魯出生於一個顯貴的資產階級家庭，從小過豪華而優裕的生活，接受西方資產階級的教育，投身民族運動後，又成為印度資產階級政黨——國大黨的領袖。毫無疑問，他是一位資產階級的政治家。正如他所說：「我自己就屬於一個同地主和富有者有些瓜葛的階級。我是典型的資產階級，出身於資產階級的環境裡，帶來了早年在這樣的熏陶中所養成的一切偏見。」❷❶又說：「我的政治思想

---

❶❾　拉菲克·扎卡里亞編：《尼赫魯研究》，第484頁。

❷⓿　同上書，第484頁。

是我的階級──資產階級的政治思想。」**㉒**

　　尼赫魯作為一個資產階級的政治家，為什麼會接受社會主義思想呢？其原因是多方面的：

　　其一，愛國主義和民族主義的情感是他趨向社會主義的原動力。尼赫魯是在印度這片土地上成長起來的，他親眼目睹了英國殖民統治給印度帶來的種災難以及印度人民的貧窮和落後，因此，他在青年時代就產生出強烈的愛國主義和民族主義情感。這種愛國主義和民族主義情感促使他去尋找救國救民的真理，在尋找真理的過程中他認識到資本主義不能救印度，只有社會主義才能把印度人民從貧困和不平等中解救出來。因此，1936年他說：「我確信，解決世界問題和印度問題的唯一辦法就是社會主義……除了社會主義，沒有別的辦法可以消除印度人民的貧窮、普遍失業、落後和被奴役的地位。」**㉓**此外，這種愛國主義和民族主義精神還驅使他投身於反對英國殖民主義的鬥爭，在反英鬥爭中他逐步體會到國際社會主義運動與印度民族主義運動是天然的盟友，是可以相互支持的，因此他對社會主義更加感興趣。特別是1927年他在布魯塞爾參加了「世界被壓迫民族大會」之後，他就更加認識到這一點。

　　其二，人道主義思想也促使他接近社會主義。尼赫魯雖然出生於資產階級家庭，但是在英國讀書時他就開始具有濃厚的人道主義思想，他追求自由、平等、博愛，反對剝削和壓迫。當他回到印度後，特別是走訪了農村，接觸廣大農民，了解到印度民眾的極度貧窮之後，他內心中充滿了對貧苦民眾的極大同情和關注。這種人道

㉑　尼赫魯：《自傳》，第605頁。

㉒　同上書，第55頁。

㉓　薩維帕里·高帕爾編：《尼赫魯文選》，第300頁。

主義的同情感更加激發了救國救民、追求社會平等的責任感，因此他一直把「公平分配社會財富，保證經濟上的平等」作為自己的奮鬥目標。1928年，他在一次會議上說：「我們經濟綱領的目標，必須是取消一切經濟上的不平等和公正地分配財富。我內心中確信，這應當是人世間最高的目標。」❷後來，又說：「為了消除對民眾的剝削，政治的自由必須包括百萬飢餓民眾的真正的經濟自由。」❷在尼赫魯看來，資本主義不能公正地分配社會財富，只有社會主義才能消滅經濟上的不平等，保障公平地分配財富。因此，這種追求社會平等的人道主義精神，必然促使他去接近社會主義。

其三，理性主義和科學精神也是他傾向社會主義的推動力。尼赫魯從青少年時代就培養出學習科學、熱愛科學的思想，因此在以後的革命生涯和社會實踐中他一直以理性主義和科學的精神指導自己的言行。他在分析印度和世界的歷史和現實鬥爭中，越發地感到馬克思主義的理論和方法比其他的理論和方法更科學、更能夠幫助人們解決問題。所以，他說：

　　……馬克思主義的理論和哲學替我解決了不少疑難問題。就我而言，歷史有了新的意義。馬克思主義的解釋使歷史大放光明，歷史的發展是有一定的規律和目的的，雖然不是自覺的。❷

　　大規模的世界經濟危機和不景氣似乎證實了馬克思主義的分析。其他的各種制度和理論還在暗中摸索，唯有馬克思主義

---

❷　V. T. 帕蒂爾編：《尼赫魯思想的探索》，第142頁。

❷　同上書，第142頁。

　　提出了相當令人滿意的解釋，並且提供了真正的解決方
法。❷

上述兩段話是1934–1935年尼赫魯在他的《自傳》中所說的，這是
他當時思想的真實寫照。從這兩段話中可以看出，尼赫魯認為馬克
思主義的理論比其他的理論更富有科學精神，更能夠解決現實問題，
因此他在追求這種理性主義和科學精神的過程中，則更加接近馬克
思主義及其社會主義理論。

　　當然，除了上述各種主觀上的原因之外，促使尼赫魯接近社會
主義的還有許多客觀上的因素，譬如，各個時期印度國內外形勢的
變化和政治鬥爭的需要等等。總之，尼赫魯雖然是一位資產階級的
政治家，但是他又是一個爭取民族獨立、反帝反封的民族主義的戰
士，在當時的歷史條件下，政治鬥爭的需要以及他個人的種種因素，
使他在一定的程度上受到馬克思主義的影響並接受馬克思的社會主
義理論，這也是很自然的事情。

㈡尼赫魯的「社會主義類型社會」，其本質是一種「中間道路」

　　1955年尼赫魯提出在印度建設「社會主義類型社會」的理論，
1964年他又進一步提出建立「民主社會主義」的理論，這兩種理論
在本質上是一樣的。它們既不是正統的馬克思主義的社會主義，也
不是純粹的西方式的資本主義，而是社會主義與資本主義的一種綜
合，用他的話說：是一種「中間道路」。

---

❷　同上書，第412頁。

　　尼赫魯是一位務實主義的政治家和思想家。他一向反對教條主義，主張根據自己的國情，依照社會的實際需要，來制定政府的各項方針和政策。他注重研究各種外國的理論和經驗，但是他從不把自己局限於某種理論和教條之中，而是依據自己國家的實際情況，批判性地借鑒和吸收一些外國的先進經驗。在對待社會主義的理論上，他也是如此。他認為，社會主義的概念不是僵死的，而是一種發展變化的東西；社會主義應當有許多種，在不同的國家有不同的類型；印度建立的社會主義，不可能和蘇聯的社會主義完全一模一樣，因此，印度應當根據自己的國情建設自己的社會主義。1957年1月4日，他在印多爾市的一次會議上闡述了這種觀點：

　　　　我想，社會主義是一個不斷發展的、能動的概念，不是僵化的東西，而是能夠適應每一個國家人民生活和活動不斷變化的條件的東西。我相信社會主義可能有許多種。在高度發達的工業社會中的社會主義可能是一種類型，而在一個農業國家中的社會主義可能是某種另外的類型。我認為我們不應當去模仿別的國家，儘管我們應當利用別的國家的經驗。如果我希望使我們國家工業化，我就應當不僅學習那些採用高級技術而獲得繁榮的國家的工業技術，而且要學習許多其他的經驗，如它們實現工業化的道路等。模仿其他國家所做的事情，有時是有益的；但是，迴避它們所做的一些事情，有時也是有益的。我認為，我沒有必要給社會主義下一個精確的定義。我所追求的事情，是使印度所有的人從一出生就具有同等發展的機遇，具有按自己能力進行工作的同等的機會。❷⑧

❷⑧　薩維帕里·高帕爾編：《尼赫魯文選》，第315頁。

　　由此可見，尼赫魯並不想模仿其他的國家，而是想依據印度的國情，建立適合於印度的那種社會主義。實際上，他所提出的「社會主義類型社會」和「民主社會主義」， 就是這種有印度特色的社會主義。有的時候，他又把自己的社會主義稱為「中間道路」或「第三條道路」。 為什麼說是「中間道路」呢？ 印度獨立之後，特別是在尼赫魯的晚年，他認為，世界上有兩種對立的、相互鬥爭的政治經濟體系：一個是蘇聯式的社會主義，一個是歐美式的資本主義，這兩者都不完全適合於印度的國情。但是，這兩者又各有優缺點。如何將兩者的缺點拋掉，將兩者的精華結合起來，而創造出一種新的模式，即不同於兩者的「第三條道路」，則是他的晚年一直思考的問題。在他看來，他提出的「社會主義類型社會」和「民主社會主義」， 就是不同於正統社會主義和資本主義的一種「中間道路」或「第三條道路」。 因為在他的「社會主義類型社會」中實行著「混合經濟」， 既有公有制的經濟又有私有制的經濟，既包含社會主義的因素又包含資本主義的因素，這樣便可以調動兩者的積極性。另外，在這種社會中，既實行資本主義的議會民主制並通過和平、非暴力的手段解決社會問題，又不採取社會主義的階級鬥爭或無產階級專政的方法處理社會矛盾。在這種社會中，既能夠公平地分配財富，保證人們具有平等的權利和機遇，又不允許財富集中於少數人手中，造成貧富懸殊等等。因此，尼赫魯認為，他的「社會主義類型社會」是將社會主義和資本主義兩者的精華結合起來的一種新的政治經濟模式。正如他在晚年對記者卡蘭吉亞所說的：

　　　　在這方面，新解放了的國家所面臨的主要問題，就是如何為它們提供一種不借助階級鬥爭或暴力的新的經濟發展模式、

工農業發展模式。顯然，自由經濟和自由企業的傳統資本主義的道路並不適用於極度貧困、人口眾多的亞非國家，同樣，實行階級鬥爭和無產階級專政的共產主義的方式也不適用於它們。某種新的方式、中間道路或第三條道路肯定能夠發現。我認為，我們的方式，即科學的、有計劃的社會主義再加上具有強大的不斷擴展的公有制因素（這種因素作為國家發展計劃的重點）的混合經濟的方式，無庸置疑，就是這種道路。我們高興地看到，許多新興國家都遵循這條路線。令人鼓舞的是我們了解到，許多美國專家也和蘇聯專家一樣稱讚我們的發展道路是共產主義的與民主的經濟制度之間的一種可實行的綜合。㉙

實質上，尼赫魯的「社會主義類型社會」和「民主社會主義」，既不是地道的社會主義，也不是純粹的資本主義，而是介於兩者之間的一種綜合，一種「中間道路」。

(三)尼赫魯社會主義思想的影響

尼赫魯在最後一次會見記者時說：

請記住，社會主義並不是賈瓦哈拉爾‧尼赫魯或國大黨一時狂熱的想法。如果讓我來說的話，它是我們國家送給自身的一件禮品，是人民自主權力在經濟領域的一次實驗。㉚

㉙　R. K. 卡蘭吉亞：《尼赫魯先生的哲學》，第69頁。

㉚　同上書，印度副總統札吉爾‧胡賽所寫的序言，第7頁。

這是尼赫魯對自己的社會主義政策最後的評價。在他看來，印度作為一個剛剛獨立的新興的亞非國家，要想徹底擺脫外國的控制，就必須實行某種社會主義的政策，以迅速發展經濟，增強國力，從而獲得政治上真正的自主。因此，他認為，他在印度實行某種社會主義的政策以及倡導「社會主義類型社會」，並不是什麼一時的狂熱，而是某種必要的實驗。

那麼，如何評價尼赫魯的「社會主義類型社會」呢？它產生了什麼樣的社會影響呢？對此，在印度有各種不同的看法。一些印度共產黨人認為，尼赫魯搞的社會主義並不是真的社會主義，而是爭取選民的一種手段，「一種欺騙」。但是，多數的人則認為，尼赫魯的「社會主義類型社會」還只是一種理想，它無法達到改善絕大多數居民福利的這一主要目標。例如，印度激進的人道主義者 M. N. 羅易，稱尼赫魯的社會主義是「對概念含糊的新世界的一種純粹感情上的追求，在這方面反映出正在分化的資產階級文化。」[31] 著名社會活動家、甘地的門徒維諾巴・巴維 (Acharya Vinobha Bhave) 曾說：「尼赫魯的社會主義政策是含糊不清的，他沒有說明他要建立的社會主義類型到底分幾個階段，每個階段如何實現。」[32]。印度著名經濟學家 V. K. R. V. 拉奧認為：尼赫魯社會主義最大的矛盾，就是理論與方法之間的矛盾，他缺乏實現社會主義的具體手段[33]。對尼赫魯的這種批評不是沒有道理的。就連尼赫魯自己也不只一次地說：「他心裡所嚮往的那種社會主義在他有生之年也許實現不了，因為要實現這個目標需要許多因素和條件，而有一些因素和條件是他根

---

[31] V. T. 帕蒂爾編：《尼赫魯思想的探索》，第57頁。

[32] 同上書，第156頁。

[33] 同上書，第57頁。

本無法控制的。」**㉞**

儘管尼赫魯所嚮往的那種社會主義在印度沒有實現，但是他所主張的社會主義思想和所實行的一些社會主義政策在印度還是產生了很大的影響的。概括地講，有如下幾點：首先，尼赫魯從青年時代就開始接受和宣傳社會主義，特別是三十年代他對社會主義的宣傳達到如痴如狂的地步。他相信社會主義是解決印度問題的唯一辦法，並且在各種場合鼓吹這種觀點。當時尼赫魯已經是作為民族獨立運動的主要領導人，他的這種宣傳對社會主義思想在印度的傳播，尤其是在中產階級的知識分子中的傳播，起了重要的推動作用。因為尼赫魯在這些知識分子中間有很高的威望，所以他的社會主義思想對他們有較大的影響。再者，尼赫魯從1928年就擔任國大黨的總書記，1929年當選黨的主席，從此走上國大黨的領導崗位。尼赫魯的社會主義思想無疑對國大黨的發展產生了深刻的影響。特別是在獨立之後，國大黨成了執政黨，尼赫魯在引導國大黨接受某些社會主義政策方面起了主要的作用。1955年1月，由於尼赫魯的提議，在國大黨的阿瓦迪年會上通過了在印度建設「社會主義類型社會」的決議，把建設「社會主義類型社會」作為全黨的奮鬥目標。其三，尼赫魯的社會主義政策推動了經濟的發展。為了實現「社會主義類型社會」，尼赫魯政府於1956–1966年制定和實施了國民經濟發展的第二個和第三個五年計劃。根據尼赫魯的經濟發展戰略，在這兩個五年計劃期間印度政府優先發展了重工業和公營企業。十年中國家集中力量投資在電力、冶金、礦山、機械製造、化工原料、採油、石油化工、化肥等各種重工業和基礎工業方面，從而形成了一套比較完整的工業體系，為以後的經濟發展奠定了良好的基礎。其四，

㉞　同上書，第156頁。

尼赫魯的社會主義政策在一定程度上也促進了社會的平等。尼赫魯
關於經濟平等、消除社會差別的主張是其社會主義思想的主要表現。
獨立後，他所制定的一些政策也體現了這種思想。例如，廢除柴明
達地主所有制，規定占有土地的最高限額，超出限額的土地，由政
府徵收，分給貧苦農民；廢除賤民制度，政府推行一些措施幫助賤
民的子女受教育、找工作，並撥出一定款項改善他們的生活；制定
最低工資法，保障工人的基本生活；提高稅率，從稅收中拿出一部
分錢作為社會救濟金等等。尼赫魯政府的這些政策，應當說，在某
種程度上也促進了社會的平等。

　　總而言之，尼赫魯倡導的「社會主義類型社會」和他所主張的
一些社會主義思想和政策，是二十世紀中葉印度這個特定的歷史環
境中的產物。它對印度社會的發展已經發生了重要的影響，對未來
的印度還會產生深遠的影響。

第八章 世俗主義觀

　　尼赫魯的世俗主義學說是其政治哲學的一個重要組成部分。此學說與他的民主主義和社會主義學說融匯貫通、相輔相成，構成了尼赫魯政治哲學和建國方略的三大理論支柱。尼赫魯畢生都反對宗教教條和偏見，力求把科學精神和理性主義融入社會政治生活之中，他的世俗主義正是其追求科學精神和世俗真理的具體體現。尼赫魯身為印度政府總理，他所宣傳和推行的世俗主義主張，已經成為印度政府處理宗教、民族和其他各種社會問題的指引方針。尼赫魯的世俗主義，在印度現代史上具有十分重要的意義，並產生了深遠的影響。

一、何謂世俗主義

　　「世俗」(Secularity)一詞，是宗教對人世間的一種稱呼。佛教把現實世界稱為「世間」，把非出家的人稱為「在家為俗」，與「出世間」和「出家為僧」相對。基督教把現世的、非宗教的、不受誓言約束的、修道院之外的社會生活稱為「世俗」。英文"seculer"（世俗的）一詞，來源於拉丁文"saeculum"，"saeculum"意指「今天這個時代和這個世界」，即「今生今世」。後來，"secular"（世俗的）

演化成與 "sacred"（神的，神聖的）相對立的一個概念，因而「世俗的」與「神聖的」便成為兩種意義相反的事物。從宗教的觀點看，「世俗」一詞帶有一種被輕蔑的貶義，與宗教徒所崇信的「神聖之物」相對立。

「世俗主義」(secularism)是在「世俗」一詞基礎上發展起來的一個新概念，它起源於十九世紀中期英國社會改革家 G. J. 霍利約克 (George Jacob Holyoake, 1817–1906)所發起的世俗運動。中世紀的歐洲，羅馬教皇是最高統治者，基督教教會具有絕對權威，宗教控制著社會生活的各個方面，壓抑著人們的進取精神，否定人們對現世生活的一切追求和努力。1850年霍利約克發起了一個批判宗教錯誤，發展社會福利的運動，目的在於消除基督教對人們社會生活的罪惡影響。他為自己的組織制定了一套行為規範，並把這套行為規範稱之為「世俗主義」。由此，霍利約克創造出「世俗主義」一詞。英國出版的《宗教和倫理學百科全書》明確指出：「世俗主義這個詞及其存在，在很大程度上歸因於 G. J. 霍利約克的一生和勞動。」❶

從二十世紀以來，「世俗主義」一詞被廣泛使用著，但是有關這個詞的定義似乎含糊不清，有許多不同的解說。例如，《大布列顛百科全書》認為，世俗主義是指「非精神的，即與宗教或神聖的事物毫無關係的事物。」❷《美國百科全書》給「世俗主義」下的定義是「有關世俗真理（這些真理的存在條件和被認可是獨立的）、人的獨立行為和永遠性行為的觀點和指南。」❸《社會科學百科全書》

---

❶ F. S. 沃特・豪斯：《宗教和倫理學百科全書》，第十一卷，第348頁，愛丁堡，1954年。

❷ 《大布列顛百科全書》，第二十卷，第264頁，倫敦，1960年。

❸ 《美國百科全書》，第二十四卷，第521頁，紐約，1960年。

指出：「世俗主義是試圖建立一個清除信仰主義超自然假想的知識領域。」❹《常人百科全書》說：「世俗主義是一種旨在建立以功利主義為基礎的道德規範的唯物主義和理性主義的運動……」❺《最新英文歷史辭典》認為，世俗主義是指「只以人類今生幸福為基礎的，排除一切對神或來世信仰的道德原則。」❻儘管人們對「世俗主義」的理解有一些分歧，有的認為它是「一種道德原則」，有的認為它是「一個知識領域」，有的認為它是「一種理性主義運動」，但是有關這個詞的基本涵義還是明確的。概括地講，「世俗主義」包含三個內容：第一，反對宗教超自然主義的假想，力圖建立一個排除人們對神或來世信仰的知識體系；第二，肯定人生的價值，以研究現實世界和人類今生今世的幸福為宗旨；第三，以理性主義和唯物主義為思想基礎，是近代社會理性主義反對信仰主義鬥爭的產物。

尼赫魯的世俗主義觀，是在西方近代世俗主義思想的基礎上發展起來的。他以科學精神和理性主義為指導，以印度現代社會的國情為依據，以國家的統一和改善民眾生活為根本宗旨，而建立起自己的一套世俗主義學說。

二、尼赫魯世俗主義產生的背景

尼赫魯世俗主義學說的產生並不是偶然的，它是印度現代這個特定的歷史條件和社會環境的產物。

自古以來，印度就是一個多民族、多宗教的國家。印度教、佛

---

❹　《社會科學百科全書》，第十三卷，第631頁。

❺　《常人百科全書》，第十一卷，第212頁，倫敦。

❻　《最新英文歷史辭典》，第八卷，第366頁，牛津，1914年。

教、耆那教、錫克教發源於印度，中世紀伴隨著阿拉伯人的入侵而傳入伊斯蘭教，近代在西方人的殖民統治下又傳入基督教，從此六大宗教皆紮根於這片熱土之中。印度廣大民眾篤信宗教，各種宗教神學禁錮著他們的頭腦，使他們沉淪於悲觀厭世、逃避現實的心態之中，把一切希望都寄託於神靈的恩賜和來世的解脫。在各種宗教中，印度教是最大的一個，其信徒占全國人口的三分之二以上。到了近代，中世紀印度教的神學體系依然是印度社會占主導地位的意識形態，其教義教規、道德習俗滲透於社會生活的各個領域。印度教盛行偶像崇拜，信徒們為了表達對毗濕努、濕婆、羅摩、黑天等大神的虔誠，每年都要舉行各種繁瑣而勞民傷財的祭神儀式。嚴格的種姓分立制度，把印度教徒分為三六九等，高級和低級種姓格格不入，使整個社會變成一片散沙。印度教和其他各種宗教體系嚴重地阻礙著印度社會的進步和發展。

　　二十世紀以來，印度社會的機體中又滋生出一個可怕的毒瘤——教派主義和教派衝突。印度兩大教派——印度教和伊斯蘭教之間的衝突，逐步演化成一個突出的社會問題，成為民族獨立運動和社會發展的嚴重障礙。本世紀初，印度民族運動不斷高漲，英國殖民主義者對此採取「分而治之」的政策，故意挑撥印度教徒和穆斯林之間的關係，至使兩者的矛盾日益尖銳。1906年，全印穆斯林聯盟在加爾各答成立。它是印度穆斯林的一個全國性組織，是在「維護穆斯林利益」的口號聲中誕生的。在1905–1908年孟加拉人民進行「反分治」的鬥爭中，穆斯林聯盟卻通過一項決議，認為分割孟加拉對穆斯林有利，歡迎英國殖民政府對孟加拉的分割，並且反對抵制英貨運動。1907年10月16日，即「分治法」生效之日，孟加拉群眾舉行「國喪日」以示抗議，而穆斯林上層分子卻把它當做節日來慶祝，

教派主義者的分裂行為逐漸演變成印度教和穆斯林兩大教派的對立。

　　三十年代，穆斯林和印度教的教派主義思潮不斷泛濫。1930年穆斯林著名詩人、哲學家伊克巴爾當選全印穆斯林聯盟阿拉哈巴德年會主席，在這次年會中他最先提出建立「穆斯林國家」的設想。他在大會致詞中說：

> 我願意看到旁遮普、西北邊省、信德和俾路支斯坦構成一個單獨的國家。無論是在英帝國之內自治或是在英帝國之外自治，建立一個單固的西北印度穆斯林國家，我認為至少是西北印度穆斯林的必然歸宿。❼

起初，伊克巴爾建立「穆斯林國家」的設想還只被人認為是「哲學家的夢幻」，但是1937年以後，由於穆斯林聯盟和國大黨的關係急劇惡化，這種思潮迅速蔓延開來。穆斯林聯盟的主要領導人真納也接受了這種思想，他認為穆斯林和印度教徒是「兩個不同的民族」，兩者差異太大，甚至許多方面是對立的，在一個國家內和睦相處是根本不可能的。他強調說，穆斯林既然是一個單獨的民族，就理應有「自己的家園，自己的領土和國家」❽。1940年3月，全印穆斯林聯盟在拉合爾年會上正式通過了「建立巴基斯坦的決議」。穆斯林聯盟的這種態度和英國殖民者「分而治之」的政策，最終導致1947年印度的分裂，即「印巴分治」。

　　在穆斯林教派主義思潮泛濫的同時，印度教教派組織的活動也

---

❼　馬哈江：《印度現代史》，第一卷，第285頁，新德里，1983年。

❽　林承節：《印度近現代史》，第633頁，北京大學出版社，1995年。

不斷升溫。1915年，「印度教大齋會」(Hindu Mahasabha)成立。該組織的目標是：在印度建立一個全國性的印度教聯盟，促進改信伊斯蘭教的印度教徒重新皈依印度教，推廣印地語，力圖在南亞次大陸建立一個印度教統治的國家。自成立之日起，這個教派社團就充滿印度教大沙文主義思想，排斥穆斯林和一切非印度教徒，主張在印度實行強迫性印度教教育。印度教另一個教派組織——「國民志願服務團」(Rashtriya Swayamasevak Sangh，簡稱RSS)於1925年在那格普爾成立，創始人為 K. B. 海德格瓦。該組織是在印度教和穆斯林之間矛盾日益尖銳的條件下產生的，因而具有更強烈的教派主義色彩。其根本宗旨是「保護印度教的民族、宗教和文化，進而求得全面發展，並復興古代印度教國家」。 這個組織的成員多半為青年人，並實行軍事訓練。在各大中城市都設有訓練營，組織十歲以上的成員進行集訓，集訓期間過苦行生活並進行摔打格鬥，使用棍棒刀槍的訓練。

　　三十年代末期，印度教教派組織中也產生出建立「印度教國家」的思潮。「印度教國家」理論的創立者為 V. D. 薩瓦爾卡 (Vinayak Damoyak Savarka,1833–1966)，他於是 1937 年參加印度教大齋會，並很快當選為該組織的主席。從三十年代到五十年代他一直通過這個組織鼓吹「印度教國家」思想。薩瓦爾卡的「印度教國家」論，主要以四個相互關聯的概念為基礎。這四個概念是：印度教徒、印度教、印度教民族和印度教統一體。他認為，「印度教徒」是繼承了自己祖先的宗教和文化，具有共同的歷史、語言、文字、法律、藝術、習俗、儀式和節日的人，印度教徒同時也繼承了祖先遺留下來的這片神聖的土地——印度斯坦；每一個印度教徒都應該以一個宗教社團成員的身分出現，其他的宗教徒，如穆斯林、基督教徒，

雖然他們生活在這個國家已經有幾個世紀，但是他們不屬於印度教社團，也不構成印度教國家的一部分。所謂「印度教」， 是指「印度教徒所共同建立起來的宗教信仰體系」，這個體系是印度教國家固有的部分；「印度教」這個詞不僅含有宗教信仰的意義，而且含有歷史文化、語言文字、社會政治等內容。關於「印度教民族」，他說：

> 我們印度教徒，儘管內部有許許多多的差異，但是當我們與其他非印度教民族——說英語、日語的民族以及印度穆斯林相比較的時候，我們是靠共同的宗教、文化、歷史、種族、語言和其他親緣關係所結合起來的，並構成了一個確定的同質的民族。❾

所謂「印度教統一體」， 是指印度教是一個宗教、文化、民族與語言的統一體，它與其他宗教相區別，並使其信徒組成一個國家。薩瓦爾卡指出：「我們印度教徒就是一個國家，因為宗教的、種族的、文化的和歷史的親緣關係把我們結合成一個同質的國家。」❿

　　薩瓦爾卡宣揚「印度教國家」理論在當時具有雙重目的：其一是反對外族統治者，即英國殖民主義者；其二是針對印度穆斯林，企圖把穆斯林排除在印度這個國家之外。在他看來，印度穆斯林從來沒有把今天的印度斯坦看作自己的國家，他們把印度斯坦看作是印度教的土地，而不是伊斯蘭的土地。如果說這種理論在反對英國殖民者的鬥爭中有某種積極意義的話，那麼它也為以後印度教和伊

---

❾　O. V. 梅森采娃：《現代印度思想鬥爭——印度教的多重含義》， 第69頁，加爾各答，1988年。

❿　薩瓦爾卡：《印度教的性質》，第126頁，普那，1942年。

斯蘭教的教派衝突埋下了禍根，給印度社會的安定造成了極壞的影響。

由於印度教和穆斯林教派組織的宣傳和鼓動，兩大教派組織的矛盾逐漸尖銳，群眾日益對立，終於釀成1947年印度獨立前後兩派之間大規模的流血衝突。1947年6月，英國殖民當局拋出蒙巴頓方案，宣布把英屬印度分為印度和巴基斯坦兩個自治領。8月印巴分治後，印度教的教派組織宣傳印度教徒遷出巴基斯坦，穆斯林聯盟則鼓動穆斯林遷出印度。在雙方難民的大遷徙中，印度教徒和穆斯林之間爆發了印度歷史上空前未有的大仇殺，不到幾個月的時間，有五十萬人被殺害，一千二百萬人無家可歸，許多城市變成廢墟，淒慘之象令人目不忍睹。一向主張印度教徒和穆斯林聯合的甘地，曾以古稀之年為平息這場衝突而到處奔走宣傳。但是狂熱的印度教教派主義分子卻視他為敵人，認為他偏袒穆斯林，出賣印度教。1948年1月30日，這位為印度獨立而無私奉獻一生的民族英雄，竟被印度教教派組織——國民志願服務團的一名成員所殺害，令世界震驚。

尼赫魯生長在印度這片土地上，很早就感受到宗教蒙昧主義對人民的毒害及對社會進步的影響。當各種教派主義思潮在印度泛濫時，他作為民族運動的主要領導人，更加清醒地認識到教派分裂主義和教派衝突是民族運動和國家統一的最大危險。早在三十年代，他就發表文章批判各種教派主義思潮。印度獨立後，他制定了一系列的世俗主義的建國方針和政策，發表各種講演闡述他對宗教信仰、宗教與政治、教派鬥爭等等問題的看法和主張。他的這些政策和主張，正是其世俗主義思想的具體體現。尼赫魯的世俗主義觀是在印度這個特定的社會環境和歷史條件下產生的，因此他的世俗主義觀不同於歐美的世俗主義，而具有濃郁的印度特色。

三、尼赫魯的世俗主義思想

世俗主義是指一個龐大的知識領域。從廣義上說，它包括對宗教神秘主義的批判以及對世俗社會、人類理想、人生價值和行為道德的整個觀點和看法。從這個角度看，研究尼赫魯的世俗主義，就必然涉及到他的宗教觀、科學觀、民主觀及社會主義觀等等。例如，他以科學精神和理性主義為指導，批判宗教迷信與偏見，主張建立民主制度，發展社會經濟，改善民眾生活等等，這些都應該屬於他的世俗主義學說範疇。本章僅從狹義的角度，即宗教與政治、教派組織與政府、各個宗教、多數派教團和少數派教團之間的關係上，對尼赫魯的世俗主義思想做一概要的闡述。

尼赫魯沒有專門的著作系統地論述世俗主義，他的世俗主義思想都散見於三十年代以來他所發表的各種演說、文章和著作中。歸納起來，主要有如下幾點：

㈠印度必須建立一個「世俗的國家」

印度獨立以後，身為總理的尼赫魯，首先考慮的問題就是：印度將建成一個什麼樣的國家，是神權的國家還是世俗的國家？1948年他給阿里加穆斯林大學的學生講演時，明確指出「印度必須沿著世俗的和民族的路線前進」❶。在他的領導下，1949年11月26日印度制憲會議完成並通過了印度憲法，新憲法鄭重宣告「印度是一個世俗的國家」。對此，尼赫魯解釋道：

---

❶　V. T. 帕蒂爾編：《尼赫魯思想的探索》，第160頁，新德里，1992年。

我們稱我們的國家為一個世俗的國家。「世俗」這個詞可能不
十分恰當，但是因為沒有更好的詞，所以我們只好使用它。
確切地說，「世俗的國家」是指什麼呢？顯然，它並不是指一
個不鼓勵宗教的國家，它是指宗教和意識的自由，其包括不
信仰宗教者的自由。它意味著一切宗教都有自由，只要它們
之間不相互干涉並且服從於我們國家的基本思想。它意味著，
少數派教團能從自己的宗教觀點上接受這個立場。它甚至意
味著，多數派教團也能從自己的宗教觀點上充分地實現這個
立場。因為這些主要教團有人數上和其他方面的優勢，所以，
不以任何方式利用這種立場來破壞我們的世俗理想，正是它
們的責任。**⑫**

　　為什麼要建立一個世俗的國家呢？在尼赫魯看來，印度是一個
多種宗教並存的國家，要維護國家的統一和民族團結，政府就必須
公正平等地對待一切宗教，不能把某種宗教定為國教而排斥其他宗
教，或者依靠某一教派而輕視其他教派，只有這樣才能使各種宗教
徒和睦相處。要實現這一目的，印度必須建立一個世俗的國家，有
一個政教分離的世俗政府。這個政府超越於各種宗教之上，不受任
何教派的干預和影響，它制定的各種方針政策必須是各種宗教信仰
者都能接受的，符合全體民眾利益的。對於宗教組織來說，它們只
能從事宗教事務，不得干涉政府，介入政治。有了這樣的世俗政府
和政策，印度才能社會穩定，民族團結，從而保證經濟的發展和人
民生活水平的提高。另外，尼赫魯還認為，印度只有建立一個世俗
的國家，才能適應現代世界的發展潮流。中世紀那些神權國家都是

---

⑫　薩維帕里・高帕爾編：《尼赫魯文選》，第327頁，德里，1980年。

把某種宗教作為最高宗教，而視其他宗教為異端，加以排斥和打擊，這種國家體制既不符合現代社會的民主潮流，也不符合現代印度的國情。

(二)宗教信仰自由，各宗教一律平等

尼赫魯明確指出，印度所建立的「世俗國家」，並不是不允許各種宗教的存在和發展，而是保證一切宗教都能自由發展，甚至保證不信仰宗教者，即無神論者的自由。在處理宗教事務中，世俗的國家保持中立的態度，決不偏袒某一宗教而打擊其他信仰，也不允許某種宗教凌駕於其他宗教之上，它是把一切宗教都放在「正常的政治和社會生活的水平上」，一視同仁，公正平等地對待之。尼赫魯曾反覆講：

> 我們在我們的憲法中宣布，印度是一個世俗的國家。這意味著給一切信仰以同等的尊重，給一切信仰的人以同等的機遇。[13]
>
> 我們將建立一個自由的，世俗的國家，在這個國家中任何宗教和信仰都享有充分的自由，受到同樣的尊重。[14]
>
> 我們的憲法是以這種世俗觀念為基礎的，它賦予一切宗教以自由，甚至改信宗教的自由。[15]
>
> 我們說印度是一個世俗的國家。在印地語中可能不太容易找到一個與「世俗」相對應的詞。有人認為「世俗」是指某些

---

[13]　V. T. 帕蒂爾編：《尼赫魯思想的探索》，第161頁。

[14]　同上。

[15]　薩爾帕里・高帕爾編：《尼赫魯文選》，第328頁。

與宗教相對立的事情，這顯然是不對的。它的含義是指，一個能夠同樣尊重一切信仰並給它們以同等機遇的國家，這個國家不允許自己依附哪一種信仰或宗教，使其成為國教。**⑯**

㈢不給任何教團以特權，保護落後的少數集團

多數派教團與少數派教團之間的矛盾在印度一直是非常尖銳的。印度獨立後，一些少數派教團，如穆斯林和錫克教的教團都提出一些特殊的要求，以保護自身的政治或經濟利益。對於宗教少數派及其特權問題，尼赫魯始終是站在世俗主義的立場上加以處理，以促進國家的安定團結。他主張：

> 印度全體人民都應當受到保護，並且有權獲得社會、經濟和政治上的公正，地位和機遇上的平等，法律面前的平等，思想、語言、信念、信仰、崇拜、擇業、結社和行為的自由，只要這些行為服從法律和公共道德。**⑰**

由於尼赫魯堅持每個印度公民和社會團體都應當從國家那裡獲得同樣的保護和權利，所以他不主張給予任何少數派教團以特權。在他看來，要求特權的觀念對於少數派教團是十分危險的。因為這種特殊的保護和權利，會導致這些集團對外來幫助的依賴，削弱它們自力更生的精神；這種特權也會使它們脫離其他集團和全體公民，從

---

⑯　同上書，第330頁。

⑰　《制憲會議論文集》，第一卷，第15頁。引自 M. 巴拉蘇布拉馬尼安：《論尼赫魯的世俗主義》，第72頁，新德里，1980年。

而產生超俗離群的孤立感。此外，給予少數集團以特權，還會引起其他集團對政府的猜疑和不信任，故影響國家的安定團結。

雖然尼赫魯不主張給任何教團以特權，但是他卻主張給予那些在經濟和文化上落後的少數民族或社會集團以特殊的待遇和保護。他認為，印度一些少數民族或集團的落後是由於各種歷史原因造成的，是長期缺乏機遇或被其他集團壓制的結果。在現代世界上，任何真正的社會進步都必須由社會的各個集團共同參與、並肩前進，否則落後的民族也會阻礙其他民族的進步。因此，他說：

一個在教育和經濟上都十分落後的集團需要得到某些特殊的保護，這些保護實質上是幫助瘸子行走的拐杖。[18]

不僅應當把同等的機遇給予一切人，而且應當把促進教育、經濟和文化發展的特殊機遇給予那些落後的集團，以使他們能夠趕上走在他們前面的集團。[19]

(四)批判教派主義，揭露其反動本質

尼赫魯從三十年代就開始批判印度教和伊斯蘭教的教派主義思潮，獨立以後他作為國家領導人，無論在理論上還是在實踐上，都對教派意識和教派集團進行了毫不妥協的鬥爭。他不僅對社會上的教派思潮，而且對國大黨內部的教派意識都進行了尖銳的批判。尼赫魯一系列反對教派主義的觀點和主張，為印度建立非教派政治和國家的統一提供了理論保障。

---

[18] 尼赫魯：《印度的統一》，第232頁，倫敦，1949年。

[19] 尼赫魯：《印度的發現》(英文版)，第535頁，孟買，1960年。

可以說，尼赫魯是唯一一個對教派主義的本質和表現進行最深刻剖析和揭露的國大黨領導人。他認為教派主義在政治上是反動的，它是印度社會上的保守勢力和反動勢力的結合。他分析了教派主義政治反動性的各種表現：

其一，破壞國家的統一。教派主義者總是打著宗教的旗號以實現某種世俗的目的，他們不可避免地要通過各種手段把一個社會分裂成幾個相互對立的集團或部分，從而破壞國家的統一。獨立之前，有些教派組織與英國殖民主義者相勾結，破壞民族運動，力圖分裂國家；獨立之後，許多教派組織又大肆活動，煽動宗教仇恨，宣揚地方自治等等。尼赫魯斷言，教派主義是印度統一的頭號敵人。他說：「我們在思想上和國家觀念上必須十分清楚，以教派主義形式出現的宗教和政治的聯盟，是最危險的聯盟。」 ❷⓪

其二，反對社會和經濟的改革。尼赫魯認為，印度教和穆斯林的教派組織雖然是對立的，相互抱有敵意，但是它們在反對社會和經濟改革方面卻往往會聯合起來。許多教派組織的領袖自封是本教派全體成員利益和願望的代言人，但實際上只是維護少數柴明達地主和王公的利益。

其三，與民主觀念相對立。尼赫魯說：「教派主義意味著一個宗教社團的統治。如果這個教團是少數派，那麼這種統治就會和一切民主觀念相對立。如果這個教團是多數派，那麼它就會支配其他教派，因為一個教團是根本不民主的。」 ❷①

其四，煽動暴力，製造衝突。無論是印度教還是穆斯林的教派領袖，都具有非理智的好鬥性，他們的拿手好戲就是鼓吹宗教狂熱，

❷⓪　《尼赫魯言論集》，第一卷，第73頁，新德里，1950年。

❷①　薩維帕里・高帕爾編：《尼赫魯文選》，第327頁。

挑起教派之間的暴力衝突，破壞社會安寧。

其五，反對理性主義和世俗主義。教派主義者頑固地堅持宗教教條，宣揚偏見和迷信，用無知和恐懼誘導群眾；他們反對理性主義和世俗主義，把理性主義和世俗主義視為西方影響的罪惡產物。

尼赫魯進一步揭露了教派主義者的階級本質和狹隘自私的集團心理。他指出，教派組織的領袖們所代表的只是少數上層階級的政治和經濟利益，根本不關心廣大民眾的疾苦和需求。他們的一切活動都只是借助宗教的名義，利用廣大教民的宗教熱情來尋求自己小集團的政治權利和經濟利益。尼赫魯說：

> 我並不幻想我能夠施用魔術來消滅藏在教派主義精神背後的偏激感情。我的目的是想指出，教派主義的領袖們同英國最反動的分子勾結在一起，並且實際上反對政治進步，甚至更加反對社會進步。他們的一切要求和群眾毫無關係，而僅僅是要替上層的小集團帶來某些發展。❷

他還用生動的語言剖析了教派組織提出的各種要求的實質：

> 上層階級的各集團試圖通過明顯地支持宗教少數派或多數派的教派要求，來遮蓋他們自己的階級利益。認真地考察印度教徒、穆斯林和其他宗教徒所提出的各種教派要求表明，這些要求與人民大眾絲毫沒有關係……在各種教派的方案中，有哪一條是關心農民的疾苦以及壓在他們身上的地租、歲收和沉重的欠款呢？有哪一條是有關那些必須面對不斷削減工

❷　尼赫魯：《自傳》，第526頁，北京，世界知識社，1956年。

資和不斷降低生活水準的工廠和鐵路工人們的呢？有哪一條
涉及到那些為尋找工作而陷入絕望深淵的中下層人士呢？那
些只影響少數人利益的問題，如各參議會的席位、單個選民
和集體選民、以及各省劃分等問題，卻引起他們的熱烈爭論。
飢腸裏肚的農民們會關心這些問題嗎？我們的教派朋友們卻
千方百計避開那些現實的問題，因為解決這些現實的問題可
能會影響他們的自身的利益。他們力圖把人民的注意力轉移
到那些完全不現實的，在群眾看來是無關緊要的事情上
去。 ❷❸

(五)消除種姓差異，主張社會平等

尼赫魯世俗主義的核心，就是消除一切以宗教、民族和種姓為
基礎的差別，實現真正的社會平等。他認為，印度教內部所施行的
種姓制度，與教派主義是同樣危險的。倘若這種制度繼續存在下去，
它就會成為發展真正民主和平等的障礙，從而破壞世俗國家的基礎。
因此，他主張消除種姓差別和歧視，對低種姓和賤民給予特殊的照
顧，實現種姓之間的平等。

印度教社會自古以來就是以等級制度為基礎的。所有的印度教
徒都分別從屬於許多大小不同、等級森嚴的社會集團，這些集團被
稱之為「種姓」或「亞種姓」。古代印度教法典對各個種姓的職業、
婚姻、起居、飲食、服飾、儀禮以及各種姓之間的關係都作了嚴格
的規定，從而使種姓關係固定下來，成為一種具有法律效力的社會
等級制度。種姓制度是以明顯的等級差別和種姓歧視為根本特徵的，

❷❸　N. L. 古普塔編：《尼赫魯論教派主義》，第25–26頁，新德里，1965年。

這種差別和歧視表現在職業、教育、法律、婚姻、儀禮和日常生活的各個方面。譬如，各種姓的職業是世襲的，而且固定不變；一個印度教徒生下來，就必須按照本種姓的傳統職業謀求生路，不得違背。另外，高級種姓者不能與低級種姓者結婚，亦不能與他們共同進餐；低種姓者被視為「宗教不能拯救的人」，不能學習宗教經典，不得進入神廟朝拜等等。

種姓制度是印度教肌體中的痼疾，尼赫魯對它進行了深刻的批判。他揭示了種姓制度的種種弊病：其一，這樣制度「鼓勵分裂，使社會處於四分五裂的狀態中」。其二，它「導致某些社會集團被壓抑」，使一大批人的品格降低，使他們沒有機會在教育、文化和經濟上擺脫貧窮落後的面貌。其三，種姓制度和實踐體現了「貴族的思想」，「顯然與民主和平等的觀念是背道而馳的」。因此，他指出：

> 種姓制度可能是我們國家中最危險、最具有隱患的事情。當種姓制度剛出現的時候，它可能是有益的；但是在最近不到一百年的時間內，它削弱了我們民族和社會。它把我們分割成許多小的集團，把我們分成許許多多的等級，有的人被稱為高級種姓，有的人被稱為中級種姓，有的人被稱為低級種姓，有的人甚至無種姓。這樣就使這種不平等永久化了，一個集團總是被另一個集團所剝削。我認為種姓制度是印度衰弱和落後的主要原因。❷⁴

又說：

---

❷⁴　薩維帕里・高帕爾編：《尼赫魯文選》，第329頁。

在今天的社會組織中，種姓制度及其相關的許多東西是完全
不協調的，反動的，局限的，並且是進步的障礙。在它的體
制之內是不可能有地位和機遇上的平等，也不可能有政治上
的民主，更不可能有經濟上的民主了。**㉕**

印度獨立後，為了消除種姓差別，尼赫魯領導的政府明確宣布廢除
賤民制，並且採取許多措施保護低級種姓和賤民的地位和利益。

㈥印度必須在思想和感情上達到統一

尼赫魯世俗主義的出發點，就是維護國家的統一和民族的團
結。他在許多場合都反覆強調「印度今天最根本的問題就是要保護
國家的統一」**㉖**。他深知印度是一個多元民族和宗教的國家。一方
面，印度各族人民具有共同的文化、經歷和目標，一種情感上的強
大紐帶把他們聯合在一起；另一方面，印度也確實存在著某些分離
主義或分裂主義的勢力，這些勢力一遇到風吹草動，就會興風作浪。
這些分裂主義的勢力主要來自教派主義、種姓主義和地方自治主義。
印度要實現真正的統一，就必須克服各種分裂主義的傾向，達到思
想和情感上的結合。1955年，他在喀拉拉邦特里丘爾的一次講話中
說：

無論走到什麼地方，我都強調一個明確的，大家都贊同的道
理。我強調的就是印度的統一，這種統一不僅是我們已經獲
得的政治統一，而且是某種更深遠的東西——感情上的統一，

㉕　尼赫魯：《印度的發現》，第329頁。
㉖　薩維帕里・高帕爾編：《尼赫魯文選》，第324頁。

我們在思想和心靈上的結合，以及對分裂主義情緒的克制。**㉗**

　　如何保持印度各族人民在感情上的統一呢？尼赫魯認為，同西方國家相比，印度自古以來就有一種偉大的寬容精神。早在佛陀時代印度就倡導這種精神，今天的聖雄甘地又為宣傳和實踐這種精神而英勇獻身。「寬容」意味著能夠容忍別人的觀點，不僅容忍與自己相同的觀點，而且容忍與自己不同的觀點。「寬容」取決於對他人的了解，只要了解了對方的生活和思想，就可以產生對對方的理解、同情和尊重。「寬容」是一種心理狀態，只要具備這種心理狀態，就可以排除一切狹隘的教派偏見和仇恨，也可以消除各種姓和各地方之間的思想障礙。尼赫魯把「寬容精神」看作是印度文化的象徵，他認為在今天激烈變化的印度社會中尤其應當提倡這種精神，只有依靠這種精神才能使各族人民在心靈和感情上達到統一，才能實現真正的社會進步。他說：

　　我們要達到真正的社會進步，不能通過仇恨、暴力和相互對立。正如今天的世界一樣，在我們國家內暴力的哲學也已經不再適宜。我們的進步必須建立在和平的合作與彼此寬容的基礎之上。**㉘**

㉗　同上書，第328頁。

㉘　同上書，第323頁。

四、尼赫魯世俗主義的社會影響

尼赫魯的世俗主義是印度建國方略的理論基礎，亦是印度政府處理宗教、民族及其他各種社會問題的指導方針。歷史的事實證明，尼赫魯的世俗主義在很大程度上影響了印度政治、社會和宗教制度的形成和發展，甚至影響到印度社會的各種法律法規、道德觀念、風俗習慣和日常生活的變化。用鮑列斯・恰斯特的話說：

> 尼赫魯最偉大的成就之一，就是建立了一個世俗的國家。在這個國家中有四千五百萬穆斯林沒有選擇去巴基斯坦，而且能夠和平地生活，並信仰著他們所喜歡的宗教。㉙

D. F. 卡拉克是尼赫魯的主要批評者之一，就連他也不得不承認「尼赫魯頂住了印度教教派主義的各種壓力，而堅持印度的世俗主義性質，是應當受到讚揚的。」㉚

尼赫魯的世俗主義對印度社會的影響不僅是多方面的，而且具有深遠的意義。就其主要方面而言，可以歸納為以下三點：

㈠維護了國家的統一和安定

印度是一個多民族、多宗教、多種姓的複雜的統一體。由於歷史的原因，印度各種宗教之間充滿著許多矛盾、猜疑、甚至仇恨。印度的民族問題與宗教問題摻雜在一起的，許多民族問題則通過宗

㉙　V・薄格萬：《印度政治思想家》，第137頁，德里，1976年。

㉚　同上書，第138頁。

教的鬥爭表現出來。1947年印度獲得獨立以後，國家仍然面臨著重新分裂和社會動亂的危險。印度教徒和穆斯林之間由於印巴分治而引發的大仇殺雖然逐漸平息，但是雙方的教派組織仍然鼓吹仇恨，製造衝突，分裂國家的危險一直潛伏著。在廣大農村地區，尤其是南方，婆羅門地主與無地的賤民和低種姓者之間的敵對關係日益激化，也存在著爆發種姓衝突的危機。印度各地的地方分治主義者，也借助種種名義向政府提出要求，試圖實現地方自治。在這種嚴峻的形勢下，正是由於尼赫魯堅持世俗主義的建國方略，並且制定出一系列相關的法律和政策，才真正維護了國家的統一和安寧。在他的領導下，印度政府制定出一個各民族、各宗教都能接受的，以世俗主義為基礎的新憲法；他主持下的印度政府堅持政教分離的方針，在處理宗教和民族事務中執行中立、公正、一視同仁的原則；以及他的一系列有關世俗主義的主張在社會上的大力宣傳和貫徹，這些都使獨立後的印度得以克服種種潛在的危機，保證了國家的統一和社會的穩定。印度學者維什努・薄格萬評論說：

> 尼赫魯的世俗主義確實是印度所需要的，它是解決各種宗教差異以及由此而產生的相互仇恨問題的靈丹妙藥。[31]

(二)促進了社會的平等和進步

印度教內部施行了幾千年的種姓制度，是阻礙印度社會平等和進步的一大障礙。在印度教社會中，低級種姓者和賤民長期處於政治上受壓迫、經濟上受剝削、社會上受歧視的地位。尤其是賤民，

[31]　同上書，第138頁。

他們世世代代在一貧如洗和與世隔絕的環境中苟且偷生。一位英國作家曾對賤民的處境這樣描寫道：他們負債來到人世，又負債離開人間。他們生下來是不可接觸者，活著是不可接觸者，又作為不可接觸者悄悄地死去。尼赫魯對種姓制度採取堅決批判的態度，他認為種姓制度是印度長期衰弱和落後的主要原因，一個被種姓支配的社會不可能成為世俗的平等社會。因此，他領導的印度政府廢除了賤民制度，並且規定對賤民歧視的各種行為構成犯罪。印度政府還採取許多具體措施，保護賤民和山區少數落後部族的地位和利益。例如，把政府公職人員的一定名額留給賤民和少數落後部族，每年大學招生為他們保留相當數量的名額，並在提供助學金和學生宿舍方面給予照顧，優先向他們發放各種信貸等等。尼赫魯批判種姓制度，對教育和經濟十分落後的社會集團給予特殊保護的主張，以及所採取的一系列優待賤民和少數部族的政策，無疑促進了印度社會的平等和進步。

㈢抑制了教派主義思想和教派衝突

從三十年代起印度教和伊斯蘭教的教派主義思潮逐漸興起，全印穆斯林聯盟提出了建立「穆斯林國家」的主張，有些印度教教派主義者也隨之提出建立「印度教國家」的理論。在英國殖民當局的挑撥下，兩大教派的矛盾和衝突愈演愈烈，終於導致 1947 年的「印巴分治」和分治前後印度教徒和穆斯林之間的大仇殺。獨立後，印度教教派組織的領袖們繼續鼓吹「印度教國家」的思想，把穆斯林視為「外國人」，企圖驅除幾千萬印度穆斯林。在這種形勢下，尼赫魯頂住了印度教教派主義者的種種壓力，堅持世俗主義的建國方針，保證了國家的世俗主義性質，應當說是尼赫魯的一大歷史功績。

由於尼赫魯視教派主義為印度統一的頭號敵人，因此他堅決批判社會上的教派思潮和國大黨內部的教派意識，從理論上和實踐上都對教派主義進行了毫不妥協的鬥爭。尼赫魯反對教派主義的學說及其所採取的一系列有關的政策，的確在很大程度上抑制住了印度教教派主義思潮的蔓延和發展，阻止了印度教徒和穆斯林的教派衝突。因此，在五、六十年代，特別是尼赫魯執政的十七年中，印穆之間的教派鬥爭基本上處於平靜狀態，沒有發生任何大的衝突，這無疑為印度政治和經濟的發展創造了良好的社會環境。七十年代以後，由於國大黨政府一些政策上的失誤，印度與巴基斯坦的對峙，以及國際上伊斯蘭復興運動的發展種種原因，印度教教派主義思潮又再次抬頭和蔓延，印穆之間的衝突不斷增多，最終演化出1992年12月6日在阿約迪亞爆發的大規模流血衝突──「廟寺之爭」。此次印度教徒和穆斯林的衝突，震驚全世界，造成一千二百人喪生，數千人受傷，波及巴基斯坦、孟加拉和阿富汗等國。所以說，在今天尼赫魯的世俗主義和反教派主義學說仍然具有十分重要的現實意義，它將永遠成為印度政府處理宗教事務的指導思想，並產生深遠的影響。

第九章　歷史地位及影響

　　1964年5月27日下午1時20分，尼赫魯停止了呼吸，時年七十四歲。臨終的前一天，他仍然在工作，直到晚上11點處理完各種文件後，才上床睡覺。他的床頭上一直放著他抄錄的羅伯特·弗羅斯特的四句詩：

　　　　這森林既可愛而又幽深，
　　　　可我曾答應過，
　　　　在安息之前再走它一程，
　　　　在安息之前再走它一程。❶

這是他晚年最喜歡的詩篇，抄錄之，放在床頭，勉勵自己走完人生最後的歷程。

　　應當說，尼赫魯的一生，是戰鬥的一生，是艱苦創業的一生，亦是追求真理的一生。他出生於印度民族最艱難、最苦難的時代，自青少年時就開始探索救國救民之真理。早年在英國留學期間，他努力學習西方科學文化，吸收各種先進的思想和社會政治學說，以

---

❶　梁潔篔：《尼赫魯家族浮沉記》，第123頁，北京，時事出版社，1994年。

尋覓祖國解放的道路。回國後，他滿懷愛國主義的激情，追隨甘地，
投身於印度民族獨立運動的洪流之中。不久，由於他年輕有為、眾
望所歸，便走上了國大黨的領導崗位，三十九歲擔任國大黨的總書
記，四十歲當選國大黨主席。如果從1919年他辭去律師職務，成為
職業政治家算起，一直到1947年印巴分治，尼赫魯為了民族的獨立
和解放，整整奮鬥了二十八年。在這二十八年中，他九次被捕，在
殖民當局的監獄中度過了九個春秋。獨立後，他連續擔任印度政府
總理十七年，並兼任外交部長，又為印度經濟的發展、民族的團結、
國家的統一和國際地位的提高，奉獻了自己的後半生。尼赫魯的一
生，真可謂是對印度人民鞠躬盡瘁，死而後已。

如何評價尼赫魯的一生呢？怎樣看待尼赫魯的政治成就和思想
影響呢？這是一個非常值得討論的問題。

尼赫魯從政幾十年，他的各種政策和學說都曾遭到國內不同黨
派和不同政見者的批評。例如，一些批評者認為，尼赫魯的世俗主
義是向穆斯林讓步的政策，犧牲了印度教的利益。尼赫魯被這些批
評者看作是印巴分治後留在印度的唯一的穆斯林民族主義者。帶有
教派主義性質的政黨印度人民同盟，在它1958年的宣言中指出：

> 不管怎樣，今天所實行的世俗主義只是向穆斯林讓步的政策
> 的一種委婉的說法。它既不是民族主義，也不是世俗主義，
> 而是對那種要價很高，僅口頭上對國家表示忠誠的地方自治
> 主義的一種妥協。❷

尼赫魯所實行的「社會主義類型社會」的政策，也受到印度國內來

❷　V. 薄格萬：《印度政治思想家》，第173頁，德里，1976年。

自左派和右派的不同批評。一些左派人士批評尼赫魯的社會主義是
「一種欺騙」，　他們不相信在「混合經濟」中，即私人企業存在的
情況下，廣大民眾能夠平等地分配社會財富。而一些右派人士則認
為，尼赫魯所設計的「國家社會主義」必然導致「令人窒息的嚴格
管制」，　不通過嚴格管制就不能實現他的社會主義。還有的人批評
尼赫魯的民主是「上了鐐銬的民主」，　認為他給個人的自由附加了
太多的限制等等。

　　如何看待這些批評呢？實際上，這些批評只代表印度少數教派
主義者和一些不同政見者的觀點，並不代表大多數人的意見。從總
體上看，多數評論家對尼赫魯一生的政績則給予充分的肯定和高度
的評價。下面我們僅引用一些評論家的觀點，例如，《印度政治思
想家》的作者維什努·薄格萬先生說：

　　　　認為尼赫魯的政策總是太含糊並充滿幻想，他的社會主義是
　　不明確的，他的外交政策是烏托邦的，他的世俗主義是保護
　　少數派的面罩的等等說法，對於一個能引導國家航船歷經無
　　數艱難險阻的人來說，顯然是不公正的。確實，尼赫魯不僅
　　在理論上，而且在實踐上都是一個民主主義者。他對民主的
　　最偉大的貢獻就在於，他給民主的觀念和價值以新的解釋，
　　並且把這些觀念和價值應用到印度這樣一個與西方民主社會
　　根本不同的國家之中。印度的特點是經濟不發達，社會建制
　　不民主，並且有大量的文盲。正是由於尼赫魯具有深刻的思
　　想和敏銳的觀察力，他才能成功地轉變了印度社會的保守觀
　　點，並為社會改革創造出一種新的氣候，他把生命的活力注
　　入到迄今仍然沉睡的無數靈魂，並使他們能夠掌握自己的命

運。毫無疑問，尼赫魯履行了自己的誓言——獻身於為印度和印度人民服務的事業，甚至更廣闊的人類事業。❸

《尼赫魯先生的哲學》的著者 R.K. 卡蘭吉亞先生以發展的角度進行了評論：

> 愛因斯坦稱讚已故的尼赫魯為「明天的總理」……他的確是明天的總理……尼赫魯的理想主義、非正統主義、人道主義、國際主義、科學精神和歷史觀念都超越了印度的國界和今天的時代，而達到了明天的世界。我們不能用世俗的一般的標準來衡量他。我們是我們這一代人的產物，而他卻是屬於歷史。我們走的是傳統和習俗的老路；而他卻開闢了新的道路並遵照歷史本身發展的法則大步前進。我們這些人被阿周那的有限目光所束縛，而他卻是目光敏銳的，全知全能的克里希那大神。❹

中國學者梁潔筠教授則從更廣泛的視角評價了尼赫魯的一生：

> 賈瓦哈拉爾・尼赫魯是尼赫魯家族中一顆最燦爛的星，印度的開國總理，連續執政十七年，直至病逝。這位印度人民崇拜的民族英雄，曾拋棄優裕的家庭生活，投身於民族解放鬥爭……這位有遠見的政治家順應歷史潮流，第一個提出了印

---

❸ 同上書，第177頁。

❹ R.K. 卡蘭吉亞：《尼赫魯先生的哲學》，前言，第11頁，倫敦，1966年。

度「完全獨立」的口號，並為印度規劃了在世界上「做一個
有聲有色的大國」的發展目標。在民族解放運動後期，他逐
步取代了甘地的地位，帶領印度完成民族獨立的歷史使命。
印度獨立後，他以「民主、世俗、社會主義和不結盟」作為
統治的四根支柱，鞏固了印度的政治獨立和經濟獨立，使印
度的殖民地經濟較快地轉變為獨立國經濟並得到一定的發
展，使印度在國際政治舞臺上也占有一定的重要地位。❺

　以上幾位評論家都從不同的角度對尼赫魯一生的政績和思想
進行了評說，當然，這裡也不免帶有某種程度的主觀性或片面性。
　尼赫魯逝世至今已有三十多年了，他已經成為一個歷史人物，
那麼，如何從今天的視角來看待這樣一位歷史人物呢？
　我們認為：尼赫魯不僅是一位偉大的政治家，而且是一位傑出
的思想家。他不僅以豐碩卓著的政績在印度的史冊寫下了輝煌的一
頁，而且也以其複雜獨特的思想體系為人類的思想寶庫留下了一筆
珍貴的精神財富。他的名字與聖雄甘地、詩聖泰戈爾齊名，在印度
現代史上占有極為重要的地位。他是印度人民所崇拜的民族英雄，
他為印度民族擺脫殖民枷鎖、獲得獨立和解放，奮鬥了整整二十八
年。他是印度共和國的締造者和組織者，為新生共和國的誕生、富
強、團結和統一耗盡了無數的心血。他是「現代印度的創始人」，為
印度這個古老民族走上政治、經濟、科技、文化、教育的現代化，
奠定了良好的基礎，奉獻出畢生的精力。他對印度現代化的貢獻是
其他印度現代領導人所無法比擬的。從世界歷史的角度看，尼赫魯
也是二十世紀的一位世界偉人。他所領導的印度民族獨立運動，為

---

❺　梁潔篔：《尼赫魯家族浮沉記》，第2頁。

亞洲非洲人民擺脫殖民主義的壓迫樹立了光輝的榜樣；他所倡導的和平共處五項原則和不結盟運動，為維護世界和平、建立新的國際秩序做出了不可磨滅的貢獻。

具體地說，尼赫魯對印度歷史的貢獻和社會影響，可以歸納為以下五個方面：

㈠歷經多年奮鬥，爭得民族獨立

1912年尼赫魯從英國留學歸來後，在阿拉哈巴德高級法院當律師，同時也加入了國大黨，並參加它的各種會議。1919年，他不顧父親的反對，毅然辭去了律師職務，開始追隨甘地，全身心地投入到民族解放的浪潮中。他在各種工作中都表現非常出色，充分地顯露出他的組織才幹和領導能力。1927年12月從歐洲考察歸國後，尼赫魯在國大黨的馬德拉斯年會上，第一個提出了爭取「印度完全獨立」的戰略目標。這是國大黨歷史上第一次把爭取「自治」的目標上升到「完全獨立」，是印度民族運動一個新的里程碑，具有劃時代的意義。由於威望的不斷提高，1928年他當選國大黨的總書記，1929年又當選黨的主席，從此走上了國大黨的領導崗位，成為印度民族運動的主要領導人。尼赫魯出身於一個貴族家庭，他拋棄優裕的貴族生活和律師職務，為了民族的自由和解放，歷經艱辛、鍥而不捨地奮鬥了幾十年，終於在1947年8月15日贏得了印度的獨立。獨立前夕，他向印度人民莊嚴宣告：

> 很多年以前，我們曾發誓要自己掌握自己的命運，今天，是到了我們實現諾言的時候了，雖不是完全實現，也是基本上實現。在夜半鐘聲敲響之際，當世界在酣睡中，印度就將醒

著迎接生活和自由……一代的不幸今天結束，印度重新發現
了自己。❻

　　印度的獨立是二十世紀重大的歷史事件，具有極為重要的歷史
意義：首先，它結束了英國對印度將近二百年的殖民統治，開闢了
印度歷史的新紀元，使印度這個古老的民族獲得了新生。從此，印
度人民不再受殖民主義的擺布，開始自己掌握自己的命運，為民族
的振興和發展創造了光明的前景。其次，印度是第二次世界大戰後
最早獲得民族獨立的國家之一，它為亞洲、非洲被壓迫的民族樹立
了光輝的榜樣，大大地推動了亞非廣大地區民族獨立運動的發展。

㈡推行各種改革，確立新的政治體制

　　印度獨立後，尼赫魯正式出任印度政府的首屆總理。對於剛剛
成立的印度新政府來說，面對著英國殖民主義者所遺留下來的一片
爛攤子，將如何建立和鞏固這個新政權，確實是一個嚴峻的考驗。
建國初期，尼赫魯為了維護和鞏固新生的政權做了大量的工作，對
英國統治印度時期的舊的國家機器進行了許多改造和革新，從而逐
步確立起一整套具有印度特色的新的政治體制，其中包括議會民主
制度、文官制度、軍事領導制度、聯邦制度和政黨制度等等。

　　在尼赫魯的領導下，印度新憲法於1949年11月26日通過，1950
年1月26日正式生效。新憲法以國家根本大法的形式，確立了議會
民主的國家體制。按憲法的規定，印度議會由聯邦院（上院）、人
民院（下院）及總統組成。它是印度最高權力機構，有權修改憲法
並制定各種法律，有權對政府進行監督、質詢和通過不信任案，有

❻　尼赫魯：《獨立及獨立之後(1946–1949)》，第3–4頁，新德里，1949年。

權監督財政和批准國家預算，有權彈劾總統、副總統及罷免最高法院法官、檢察長等。印度每五年進行一次大選，每個成年的公民不論財產多少、受教育程度的高低都具有選舉權等。在政府的改革方面，尼赫魯採取各種措施，用印度人來取代在政府機構和軍隊中的英國人，實行所謂的「印度人化」。他廢除了原來的英國文官制度，建立起自己的行政官員制度，在政府中全部啟用印度人。另外，他建立了新的軍隊領導體制，規定印度總統擔任陸海空三軍統帥，並且培養和提拔了大量印度人擔任各級軍官，從而加強了對軍隊的控制。在國家結構方面，尼赫魯政府實行了聯邦制度。印度憲法明文規定，印度是一個聯邦制的國家，聯邦由各邦和中央直轄區（市）組成。各邦的政治體制與中央幾乎完全一致，每個邦有一個以首席部長為首的部長會議。首席部長必須得到邦議會的支持，部長會議必須集體向邦議會負責。邦議會在普選基礎上產生，一般任期五年。憲法還規定，各邦單獨享有六十六項立法權和一定的自治權。實行這種聯邦制，是與印度歷史、民族的特點分不開的。印度在歷史上長期遭受外族的入侵和統治，因而使印度的人種、民族、語種、宗教繁多。再加上英國統治時期採取「分而治之」的政策，故使各民族、各地方之間的矛盾異常激烈。獨立以後，尼赫魯政府為了維護國家的統一，又考慮到各民族要求自治的願望，因此在國家結構上實行了這種具有單一制特徵的聯邦制度。建國以後，尼赫魯費盡了心血，採取各種措施，改造舊的國家機器，建立起新的政治體制，為年輕的印度共和國的鞏固和發展做出了不朽的貢獻。

(三)實行新的經濟政策，促進國民經濟發展

獨立之後，尼赫魯領導的政府為了振興民族經濟，提高人民生

活，採取了許多新的經濟政策和措施，並取得了顯著的成果。例如，在農業方面，實行了土地改革和「鄉村發展計劃」等。尼赫魯對土地問題十分重視，他認為土地問題是印度最突出的，壓倒一切的問題，只有解決好土地問題，農村的經濟才能發展。印度政府土地改革的主要措施有：廢除柴明達法定地主制、實行租佃改革、規定土地持有的最高限額、倡導合作耕種等等。「鄉村發展計劃」，是指由政府和農戶共同出錢，興修水利，改良種子，開墾荒地，修築道路，興辦鄉村工業，發展文教衛生事業等。尼赫魯這些新的農業政策，雖然沒有獲得完全的成功，但也大大地促進了印度農業的發展。在工業方面，尼赫魯政府制定新的工業政策，實行「混合經濟」，在保護私營經濟的同時，優先發展鋼鐵、煤炭、石油、飛機製造、造船、原子能生產等新興國營工業；成立計劃委員會，制定國民經濟發展的五年計劃等等。印度政府制定的第一個五年計劃(1951–1956年)，其目標是提高人民生活，改造原有的經濟結構，為以後的經濟發展奠定穩固的基礎。經過努力，在第一個五年計劃結束時，印度國民經濟平均年增長率為3.6%，超過原定指標的2.1%，五年內工業生產增長25%，農業生產增長22.2%。此間，經濟迅速增長、物價比較平穩，國民收入普遍提高。正是由於尼赫魯貫徹新的經濟政策，到第三個五年計劃結束時，即1966年，印度已經建立了一個比較完整合理的工業體系和農業體系，為以後工農業的現代化打下了一個良好的基礎。

㈣實行世俗主義，維護了國家的統一和安定

獨立以後，尼赫魯堅決主張建立世俗的國家，推行世俗主義的政策，為維護國家的統一、民族的團結和社會穩定作出了卓越的貢

獻。印度是一個多民族、多宗教、多語言、多種姓的國家。在印度
歷史上，宗教之間的矛盾、教派之間的衝突一直是一個嚴重的問題。
尤其是在英國統治時期，由於他們執行「分而治之」的政策，印度
教和穆斯林兩大教派的矛盾和鬥爭日益尖銳。1947 年印巴分治前
後，印度教和穆斯林教派發生重大的流血衝突，不到幾個月的時間，
就有五十萬人被殺害，一千二百萬人流離失所，無家可歸。印度獨
立後，教派主義、地方自治主義的各種勢力依然存在著，潛伏著國
家分裂的危險。在這種情況下，尼赫魯政府頂住了印度教教派主義
勢力的壓力，制定出一個以世俗主義為基礎的新憲法，堅決貫徹政
教分離的方針，在對待各種宗教和民族事務中執行中立、公正、一
視同仁的原則，因此克服了種種潛在的危機，保證了國家的統一和
社會的穩定。在尼赫魯執政的十七年中，印度的各種教派主義勢力
受到了抑制，印度教和穆斯林教派之間的鬥爭基本上處於平靜狀態，
沒有發生任何大的衝突。毫無疑問，這應當歸功於尼赫魯的世俗主
義政策的成功。

㈤執行不結盟的外交政策，提高了印度的國際地位

建國以後，尼赫魯擔任印度總理並兼外交部長，他奉行了獨立
自主的外交政策，支持亞非國家的民族主義鬥爭，在許多重要的外
交活動和國際會議上作出了突出的貢獻，從而提高了印度的國際地
位和聲望。1954 年 6 月，他與中國總理周恩來在中印兩國總理聯合
聲明中，共同提出「互相尊重領土主權、互不侵犯、互不干涉內政、
平等互利、和平共處」的五項原則，作為兩國關係的指導原則。這
種原則被稱之為「和平共處五項原則」，代表了新興國家要求維護國
家主權、希望建立新型平等的國際關係的強烈願望。後來，這五項

原則得到國際社會的廣泛支持和歡迎。尼赫魯還是1955年亞非萬隆會議的主要發起人之一。當年４月，尼赫魯親自率領印度代表團參加了在印度尼西亞的山城萬隆召開的亞非國家會議，有二十九個國家參加，代表世界近五分之三的人口。在這次會議上，尼赫魯表現突出，堅決主張亞非國家加強團結合作，支持各國人民爭取和鞏固民族獨立的鬥爭，並要求以和平共處五項原則作為國際關係的新準則等，他的行為為印度贏得了很高的國際聲譽。獨立後的印度，在尼赫魯的領導下，一直奉行一種不結盟的外交政策。他堅持在社會主義和資本主義兩大陣營對立的情況下，不參加任何聯盟，不受制於任何人。後來，他與納賽爾、鐵托一起倡導和組織了不結盟國家運動，1961年他參加了在貝爾格萊德召開的不結盟運動首腦會議。這個運動得到了世界的公認，越來越多的國家奉行不結盟的政策。尼赫魯採取的一系列外交政策，為印度贏得了榮譽，大大地提高了印度的國際地位。

　　總之，尼赫魯為自己祖國的獨立和振興作出了不可磨滅的貢獻，他的偉大業績將永遠載入印度的史冊，他的光輝名字將永遠留在印度人民心中。尼赫魯是現代印度的創始人，他的民主主義、世俗主義、不結盟主義等等的一系列建國方略和大政方針，基本上都被後來的各屆政府所繼承，因此他的政策和思想將對今後印度的發展產生深遠的影響。

尼赫魯年表

1889年　11月14日，賈瓦哈拉爾·尼赫魯出生於印度北方邦的阿拉哈巴德市，該市是印度教著名的宗教聖地，位於恆河和朱木拿河的交匯處。

1900年　尼赫魯之父其蒂拉爾·尼赫魯買下阿拉哈巴德城最大、最豪華的王侯住宅阿南德宮，全家遷入此宮。1969年尼赫魯之女英迪拉·甘地夫人將此宮捐獻給尼赫魯紀念基金會。

同年，請來英國家庭教師布魯克，教其英文、西方文學和自然科學知識。

1905年　5月，在父母的陪同下，遠渡重洋，赴英求學。開始在倫敦的貴族學校──哈羅公學讀書兩年。

1907年　10月，考入劍橋大學三一學院，主修化學、地質學和植物學，對政治、歷史、文學等人文科學也頗感興趣。

1910年　畢業於劍橋大學，獲得學士學位。此後，進入倫敦內殿法學會，攻讀法律兩年。

1912年　夏，通過考試獲得律師證書後，回到印度。最初幾年，在阿拉哈巴德高等法院當律師。

1916年　2月，與十七歲的卡麥拉結婚。

12月，參加國大黨年會，第一次與甘地會面。

1919年　辭去律師職務，追隨甘地，投身於民族獨立運動。

1920年　8月1日，甘地發動了第一次非暴力不合作運動，尼赫魯積極參加，經常到各地農村走訪，發表講演。

1921年　12月，第一次被英國殖民當局逮捕，三個月後釋放。

1922年　甘地因一小村莊的暴力事件突然中止了第一次非暴力不合作運動，尼赫魯深感不解，內心十分苦悶。

1926年　5月，攜妻子女兒赴歐洲旅行考察，探求救國真理，歷時一年零九個月。

1927年　2月，作為印度唯一的代表，參加在布魯塞爾召開的「被壓迫民族大會」，並作了長篇講演。會議期間，與一些有國際影響的人物發起組織了「反帝大同盟」。

11月，訪問蘇聯，參加十月革命十週年的慶祝活動。

12月，回國後，在國大黨馬德拉斯年會上，第一次提出印度「完全獨立」的要求。

1928年　在國大黨加爾各答年會上，當選黨的總書記；其父莫蒂拉爾·尼赫魯當選黨的主席。

1929年　在國大黨拉哈爾年會上，當選黨主席，時年四十歲。會上，確定把「完全獨立」作為全黨的奮鬥目標，並規定每年的1月26日為印度獨立節。

1930年　3月，甘地發動了第二次非暴力不合作運動，尼赫魯積極投入運動。

1931年　其父莫蒂拉爾·尼赫魯病逝。

1934年　在國大黨勒克瑙年會上，再次當選黨的主席。

1935年　2月，在獄中寫完他的名著《尼赫魯自傳》，該書第二年在

英國出版。

1936年　2月，其妻卡麥拉在瑞士洛桑，因病醫治無效，去世。

1937年　在國大黨拉哈爾年會上，又一次當選黨的主席。

1938年　前往西班牙內戰前線訪問。

1939年　8月，訪問了中國。23日到達重慶，會見了蔣介石夫婦和
　　　　各界代表，參觀了工廠、學校等。9月5日，因第二次世界
　　　　大戰突然爆發，故結束訪問，歸國。

1942年　8月8日，國大黨全國委員會通過要求英國「退出印度」的
　　　　決議，幾個小時後英國宣布國大黨為非法組織，大肆逮捕
　　　　國大黨領導人。當天，尼赫魯被捕，這是他第九次入獄，
　　　　入獄的時間最長，歷經一千零四十一天，直至1945年6月
　　　　15日才獲釋。在獄中，他寫成了一部舉世聞名的著作《印
　　　　度的發現》。

1946年　英國工黨政府作出讓步，成立有各個政黨參加的印度臨時
　　　　政府。尼赫魯以國大黨主席的身分擔任臨時政府副總理。

1947年　6月，英國政府公布承認「印巴分治」的蒙巴頓方案。
　　　　8月15日，尼赫魯出任印度自治領政府總理，代表印度人
　　　　民親手升起了印度國旗。

1948年　4月，尼赫魯政府頒布第一個工業政策決議，確定在印度
　　　　實行「混合經濟」的方針。

1950年　1月26日，印度新憲法正式生效，宣布印度為共和國，尼
　　　　赫魯出任印度共和國首任總理。
　　　　國大黨內「三巨頭」中的甘地（1948年1月30日遇刺）、帕
　　　　特爾（1950年病逝）相繼逝世，尼赫魯掌握著黨政大權，
　　　　開始了印度現代史上所謂的「尼赫魯時代」。

1954年　6月，與中國總理周恩來簽署中印兩國總理聯合聲明，在聲明中第一次提出「和平共處五項原則」。

10月，率印度政府代表團訪問中國。

1955年　1月，在國大黨阿瓦迪年會上，通過了尼赫魯提出來的在印度建設「社會主義類型社會」的決議。

4月，率領印度代表團出席在印度尼西亞召開的亞非國家萬隆會議。

6月，訪問蘇聯。

1956年　尼赫魯政府公布第二個工業政策決議，此決議具體貫徹尼赫魯建設「社會主義類型社會」的方針。

1958年　8月15日，在《經濟評論》雜誌上發表題為「基本方法」的重要文章，論述他所想望的社會主義社會以及實現這個社會的方法和途徑。

1961年　出席在貝爾格萊德召開的首屆不結盟國家首腦會議。

1964年　1月，在國大黨布巴尼斯瓦會議上，提出建立「民主社會主義」的思想。

5月27日，病逝，享年七十四歲。

參考書目

一、英文書目

1. Jawaharlal Nehru, *The Discovery of India*, Oxford University Press, 1988.

2. Jawaharlal Nehru, *An Autobiography*, Oxford University Press, 1988.

3. Jawaharlal Nehru, *Glimpses of World History*, Oxford University Press, 1988.

4. Jawaharlal Nehru, *An Anthology*, Edited by Sarvepalli Gopal, Delhi, 1980.

5. Jawaharlal Nehru, *The Unity of India: Collected Writings, 1934-1940*, London, 1948.

6. Jawaharlal Nehru, *Independence and After: A Collection of Speeches, 1946-1949*, New York, 1950.

7. Jawaharlal Nehru, *India: Today and Tomorrow*, Calcutta, 1960.

8. S. Gopal ed., *Selected Works of Jawaharlal Nehru*, Vol. 1-15,

New Delhi, 1984.

9. R. K. Karanjia, *The Philosophy of Mr. Nehru*, George Allen and Unwin LTD, London, 1966.

10. R. K. Karanjia, *The Mind of Mr. Nehru*, George Allen and Unwin LTD, London, 1960.

11. Dr. R. L. Ahuja, *Nehru—His Philosophy of Life and Education*, Delhi, 1965.

12. M. J. Akbar, *Nehru—The making of India*, Viking Penguin INC., New York, 1988.

13. M. Balasubramanian, *Nehru—A Study in Secularism*, New Delhi, 1980.

14. Dr.Purnima P. kapoor,*Economic Thought of Jawaharlal Nehru*, New Delhi, 1985.

15. R. C. Dutt, *Socialism of Jawaharlal Nehru*, New Delhi, 1981.

16. Benudhar Pradhan, *The Socialist Thought of Jawaharlal Nehru*, The Acadimic Press, Haryana, India, 1974.

17. Sita Ram Jayaswal, *Nehru on Society, Education and Culture*, Vinod Pustar Mandir, Agra, India, 1965.

18. Miss Neeraj, *Nehru and Democracy in India*, Delhi, 1972.

19. Saroj Prasad, *Nehru's Concept of Freedom*, Chugh Pub-lications, Allahabad, India, 1989.

20. V. T. Patil ed., *Explorations in Nehruvian Though*, Inter—India Publications, New Delhi, 1992.

21. Refiq Zakaria ed., *A Study of Nehru*, Jaico Publicashing House, Bombay, 1964.

22.A. B. Shan ed., *Jawaharlal Nehru—A Critical Tribute*, Bombay, 1967.

23. Milton Israel ed., *Nehru and Twentieth Century*, University of Toronto, Centre for South Asian Studies, Toronto, 1991.

24. Indian Council for Cultural Relations ed., *Vision of India*, New Delhi, 1983.

25.Dr. Vishnoo Bhagwan, *Indian Political Thinkers*, Delhi, 1976.

26.Thomas Pantham and Kenneth L. Deutsch ed., *Political Thought in Modern India*, New Delhi, 1986.

27. Dr. G. C. Nayak ed., *Nehru and India Culture*, Puri, India, 1991.

28.Dr. B. R. Sharma, *Nehru and the World*, New Delhi, 1988.

29. B. R. Nanda ed., *Indian Foreign Policy—The Nehru Years*, New Delhi, 1990.

30. Brij Kishore Goyal, *Thoughts of Gandhi, Nehru and Togore*, Delhi, 1984.

31.Sonia Gandhi ed., *Freedom's Daughter—Letters Between Indira Gandhi and Jawaharlal Nehru, 1922–39*, London, 1989.

32. Basant Kumar Lal, *Contemporary Indian Philosophy*, Delhi, 1978.

33. Vishwanath S. Naravane, *Modern Indain Thought*, New Delhi, 1978.

34.B. R. Nanda, *The Nehrus*, Oxford University Press, 1984.

二、中文書目

1. 賈瓦哈拉爾·尼赫魯:《印度的發現》(齊文譯), 北京, 世界知識社, 1956年。

2. 賈瓦哈拉爾·尼赫魯:《自傳》(張寶芳譯), 北京, 世界知識社, 1956年。

3. 〔印度〕克里尚·巴蒂亞:《英迪拉·甘地》(上海師範大學外語系譯), 上海人民出版社, 1977年。

4. 〔印度〕索尼婭·甘地編:《尼赫魯家書——賈瓦哈拉爾·尼赫魯和英迪拉·甘地書信選集, 1922-39》(龐新華譯), 鄭州, 河南人民出版社, 1993年。

5. 梁潔筠:《尼赫魯家族浮沉記》, 北京, 時事出版社, 1994年。

6. 〔美國〕斯坦利·A·科查內克:《印度國大黨——一黨民主制的動力》(上海徐匯區教師紅專學院譯), 上海人民出版社, 1977年。

7. 陳峰君主編:《印度社會述論》, 北京, 中國社會科學出版社, 1991年。

8. 林承節:《印度近現代史》, 北京大學出版社, 1995年。

9. 林承節:《印度民族獨立運動的興起》, 北京大學出版社, 1984年。

10. 林承節:《中印人民友好關係史, 1851-1949》, 北京大學出版社, 1993年。

11. 〔美國〕弗朗辛·R·弗蘭克爾:《印度獨立後政治經濟發展史》(孫培鈞、劉創源、梅之、姜述賢譯), 北京, 中國社會科

學出版社，1989年。

12.方廣昌、劉學成、孫士海等編：《印度》，上海辭書出版社，1988年。

13.〔印度〕巴薩特・庫馬爾・拉爾：《印度現代哲學》（朱明忠譯），北京，商務印書館，1991年。

14.〔印度〕甘地：《自傳——我體驗真理的故事》（杜危、吳耀宗合譯），北京，商務印書館，1985年。

15.黃心川：《印度近現代哲學史》，北京，商務印書館，1989年。

16.〔美國〕威爾斯・漢根：《誰是尼赫魯的繼承人?》（陳于生等譯），北京，世界知識出版社，1964年。

17.孫培鈞、劉創源主編：《南亞國家經濟發展戰略研究》，北京大學出版社，1990年。

18.〔日本〕中村元：《東方民族的思維方式》（林太、馬小鶴譯），杭州，浙江人民出版社，1989年。

19.冒從虎、王勤田、張慶榮：《歐洲哲學史》，天津，南開大學出版社，1986年。

20.陳筠泉、劉奔主編：《哲學與文化》，北京，中國社會科學出版社，1996年。

21.〔美國〕尼克松：《領導者》，北京，世界知識出版社，1987年。

22.尚勸余：〈尼赫魯思想的主要特徵〉，四川大學南亞研究所主辦《南亞研究季刊》，1990年3期。

23.尚勸余：〈尼赫魯早年生活探微〉，《南亞研究季刊》，1993年1期。

索　引

六　畫

九　畫

十　畫

世界哲學家叢書（一）

書　　　　名	作　　者	出　版　狀　況
孔　　　　子	韋　政　通	已　　出　　版
孟　　　　子	黃　俊　傑	已　　出　　版
荀　　　　子	趙　士　林	排　　印　　中
老　　　　子	劉　笑　敢	已　　出　　版
莊　　　　子	吳　光　明	已　　出　　版
墨　　　　子	王　讚　源	已　　出　　版
韓　　　　非	李　甦　平	已　　出　　版
淮　　南　　子	李　　　增	已　　出　　版
董　　仲　　舒	韋　政　通	已　　出　　版
揚　　　　雄	陳　福　濱	已　　出　　版
王　　　　充	林　麗　雪	已　　出　　版
王　　　　弼	林　麗　真	已　　出　　版
郭　　　　象	湯　一　介	已　　出　　版
阮　　　　籍	辛　　旗	已　　出　　版
劉　　　　勰	劉　綱　紀	已　　出　　版
周　　敦　　頤	陳　郁　夫	已　　出　　版
張　　　　載	黃　秀　璣	已　　出　　版
李　　　　覯	謝　善　元	已　　出　　版
楊　　　　簡	鄭　曉　江　貴　承 李	已　　出　　版
王　　安　　石	王　明　蓀	已　　出　　版
程　顥　、程　頤	李　日　章	已　　出　　版
胡　　　　宏	王　立　新	已　　出　　版
朱　　　　熹	陳　榮　捷	已　　出　　版
陸　　象　　山	曾　春　海	已　　出　　版
王　　廷　　相	葛　榮　晉	已　　出　　版

世界哲學家叢書（二）

書　　　名	作　　者	出　版　狀　況
王　　陽　　明	秦　家　懿	已　　出　　版
方　　以　　智	劉　君　燦	已　　出　　版
朱　　舜　　水	李　甦　平	已　　出　　版
戴　　　　震	張　立　文	已　　出　　版
竺　　道　　生	陳　沛　然	已　　出　　版
慧　　　　遠	區　結　成	已　　出　　版
僧　　　　肇	李　潤　生	已　　出　　版
吉　　　　藏	楊　惠　南	已　　出　　版
法　　　　藏	方　立　天	已　　出　　版
惠　　　　能	楊　惠　南	已　　出　　版
宗　　　　密	冉　雲　華	已　　出　　版
永　明　延　壽	冉　雲　華	排　　印　　中
湛　　　　然	賴　永　海	已　　出　　版
知　　　　禮	釋　慧　岳	已　　出　　版
嚴　　　　復	王　中　江	已　　出　　版
康　　有　　為	汪　榮　祖	已　　出　　版
章　　太　　炎	姜　義　華	已　　出　　版
熊　　十　　力	景　海　峰	已　　出　　版
梁　　漱　　溟	王　宗　昱	已　　出　　版
殷　　海　　光	章　　　清	已　　出　　版
金　　岳　　霖	胡　　　軍	已　　出　　版
張　　東　　蓀	張　耀　南	已　　出　　版
馮　　友　　蘭	殷　　鼎	已　　出　　版
湯　　用　　彤	孫　尚　揚	已　　出　　版
賀　　　　麟	張　學　智	已　　出　　版

世界哲學家叢書（三）

書　　　　　名	作　　者	出　版　狀　況
商　羯　羅	江　亦　麗	已　　出　　版
辨　　　　喜	馬　小　鶴	已　　出　　版
泰　戈　爾	宮　　靜	已　　出　　版
奧羅賓多・高士	朱　明　忠	已　　出　　版
甘　　　　地	馬　小　鶴	已　　出　　版
尼　赫　魯	朱　明　忠	已　　出　　版
拉達克里希南	宮　　靜	已　　出　　版
李　栗　谷	宋　錫　球	已　　出　　版
道　　　　元	傅　偉　勳	已　　出　　版
山　鹿　素　行	劉　梅　琴	已　　出　　版
山　崎　闇　齋	岡　田　武　彥	已　　出　　版
三　宅　尚　齋	海老田輝巳	已　　出　　版
貝　原　益　軒	岡　田　武　彥	已　　出　　版
石　田　梅　岩	李　甦　平	已　　出　　版
楠　本　端　山	岡　田　武　彥	已　　出　　版
吉　田　松　陰	山　口　宗　之	已　　出　　版
中　江　兆　民	畢　小　輝	排　　印　　中
柏　　拉　　圖	傅　佩　榮	已　　出　　版
亞　里　斯　多　德	曾　仰　如	已　　出　　版
伊　壁　鳩　魯	楊　　適	已　　出　　版
柏　羅　丁	趙　敦　華	已　　出　　版
伊本・赫勒敦	馬　小　鶴	已　　出　　版
尼古拉・庫薩	李　秋　零	已　　出　　版
笛　卡　兒	孫　振　青	已　　出　　版
斯　賓　諾　莎	洪　漢　鼎	已　　出　　版

世界哲學家叢書（四）

書　　　　　名	作　　者	出　版　狀　況
萊　布　尼　茨	陳　修　齋	已　　出　　版
托馬斯・霍布斯	余　麗　嫦	已　　出　　版
洛　　　　　克	謝　啓　武	已　　出　　版
巴　　克　　萊	蔡　信　安	已　　出　　版
休　　　　　謨	李　瑞　全	已　　出　　版
托馬斯・銳德	倪　培　民	已　　出　　版
伏　　爾　　泰	李　鳳　鳴	已　　出　　版
孟　德　斯　鳩	侯　鴻　勳	已　　出　　版
施　萊　爾　馬　赫	鄧　安　慶	排　　印　　中
費　　希　　特	洪　漢　鼎	已　　出　　版
謝　　　　　林	鄧　安　慶	已　　出　　版
叔　　本　　華	鄧　安　慶	已　　出　　版
祁　　克　　果	陳　俊　輝	已　　出　　版
彭　　加　　勒	李　醒　民	已　　出　　版
馬　　　　　赫	李　醒　民	已　　出　　版
迪　　　　　昂	李　醒　民	已　　出　　版
恩　　格　　斯	李　步　樓	已　　出　　版
馬　　克　　思	洪　鐮　德	已　　出　　版
約　翰　彌　爾	張　明　貴	已　　出　　版
狄　　爾　　泰	張　旺　山	已　　出　　版
弗　洛　伊　德	陳　小　文	已　　出　　版
史　賓　格　勒	商　戈　令	已　　出　　版
韋　　　　　伯	韓　水　法	已　　出　　版
雅　斯　培	黃　　藿	已　　出　　版
胡　　塞　　爾	蔡　美　麗	已　　出　　版

世界哲學家叢書（五）

書　　　　　名	作　　者	出　版　狀　況
馬克斯·謝勒	江日新	已　　出　　版
海　　德　　格	項退結	已　　出　　版
高　　達　　美	嚴　平	已　　出　　版
哈　伯　馬　斯	李英明	已　　出　　版
榮　　　　　格	劉耀中	已　　出　　版
皮　　亞　　傑	杜麗燕	已　　出　　版
索　洛　維　約　夫	徐鳳林	已　　出　　版
費　奧　多　洛　夫	徐鳳林	已　　出　　版
別　爾　嘉　耶　夫	雷永生	已　　出　　版
馬　　賽　　爾	陸達誠	已　　出　　版
布　拉　德　雷	張家龍	已　　出　　版
懷　　特　　海	陳奎德	已　　出　　版
愛　因　斯　坦	李醒民	已　　出　　版
皮　　爾　　遜	李醒民	已　　出　　版
玻　　　　　爾	戈　革	已　　出　　版
弗　　雷　　格	王　路	已　　出　　版
石　　里　　克	韓林合	已　　出　　版
維　根　斯　坦	范光棣	已　　出　　版
艾　　耶　　爾	張家龍	已　　出　　版
奧　　斯　　丁	劉福增	已　　出　　版
史　　陶　　生	謝仲明	排　　印　　中
馮　·　賴　特	陳　波	已　　出　　版
赫　　　　　爾	孫偉平	已　　出　　版
愛　　默　　生	陳　波	排　　印　　中
魯　　一　　士	黃秀璣	已　　出　　版

世界哲學家叢書（六）

書　　　　　名	作　　　者	出　版　狀　況
詹　　姆　　士	朱　建　民	已　　出　　版
蒯　　　　　因	陳　　　波	已　　出　　版
庫　　　　　恩	吳　以　義	已　　出　　版
史　蒂　文　森	孫　偉　平	已　　出　　版
洛　　爾　　斯	石　元　康	已　　出　　版
喬　姆　斯　基	韓　林　合	已　　出　　版
馬　克　弗　森	許　國　賢	已　　出　　版
尼　布　　爾	卓　新　平	已　　出　　版